Jean-François REGNARD

LIRE UN BILAN, C'EST SIMPLE !

TOP Editions

L'auteur adresse tous ses remerciements à :
- La Chambre de Commerce et d'Industrie de Bordeaux.
- La société Softsel qui a mis à sa disposition du matériel et des logiciels.

Couverture : Thierry Leveau
Préparation éditoriale : Bénédicte Diéras

ISBN 2-87731-021-3

TOP ÉDITIONS
DÉPARTEMENT ÉDITIONS DE F.D.S. SARL
121, 127, avenue d'Italie, 75013 Paris

SOMMAIRE

CHAPITRE 1

L'ENTREPRISE ET SES COMPTES

1. L'ENTREPRISE ET SES COMPTES

Les comptes d'entreprise qui se présenteront devant vous pourront revêtir des formes bien distinctes. Qu'il s'agisse des comptes Cerfa (encore appelés liasses Cerfa ou liasses fiscales), qu'il s'agisse du rapport annuel (publié par les entreprises cotées), qu'il s'agisse du rapport de l'expert comptable, la réalité de l'entreprise est unique. Elle est d'ailleurs impossible à cerner totalement ou à synthétiser en quelques chiffres.

Une entreprise est comme une personne vivante. Certes, elle n'est pas composée de cellules de chair, de muscles, de sang, de nerfs. Elle vit dans le monde économique entre ses dirigeants, ses actionnaires, ses banquiers, ses clients, l'administration...

Lorsqu'on veut décrire une personne physique, il est de coutume d'énoncer les traits ou les chiffres marquants qui la caractérisent tels que sa taille, sa corpulence, la couleur de ses yeux et de ses cheveux, sa manière de s'habiller, ses grands traits de caractère. A-t-on pour autant **parfaitement décrit cette personne** ?

Il en est de même pour l'entreprise. Pour la décrire, on citera quelques chiffres, mais pas n'importe lesquels, ni dans n'importe quel ordre. On utilisera des formulaires de description standard d'entreprise qu'il est convenu d'appeler « comptes », ou encore « états financiers », ou encore, par abus de langage « bilan ».

Ces comptes ne constituent cependant qu'une des facettes de la réalité de l'entreprise.

Il arrive parfois que cette facette soit absolument atypique : on n'aurait aucune hésitation à qualifier d'obèse une personne qui mesurerait 1,50 m et pèserait 200 kilos, de gravement cardiaque une personne dont le cœur battrait 200 coups à la minute, de manchot celui qui n'aurait qu'un bras. Ainsi pour l'entreprise, l'examen des comptes permet parfois de déceler immédiatement des disproportions analogues.

Notre objectif : apprendre à caractériser l'entreprise, à la lueur de ses comptes.

2. LA VÉRITÉ COMPTABLE

Vous devez vous abstenir de prendre systématiquement le contrepied des chiffres que vous voyez apparaître dans les comptes, mais vous devez cependant garder en permanence l'esprit critique.

En effet, la comptabilité n'est pas une science exacte : ce n'est pas la vérité descendue du ciel. Pratiquement chaque écriture comptable est la conséquence d'une décision ou d'un choix. Si ce choix ou cette décision avait été différent, l'enregistrement aurait vraisemblablement concerné un autre compte, dans d'autres proportions.

Les comptes que vous étudiez sont donc l'aboutissement d'une certaine logique. Ils ne sont pas l'aboutissement final d'une logique absolue, irréfutable et inattaquable. Cette logique s'inscrit dans un cadre strict et les Commissaires aux comptes sont là pour certifier que les comptes ont effectivement été établis dans ce cadre logique. Leur certificat ne veut pas dire que « bleu » est plus joli que « rouge » ou que le « jaune » est parfait. Leur certificat atteste que c'est bien de la peinture qui a effectivement été posée sur la toile, elle-même fixée sur le bon cadre.

3. LES LIASSES CERFA

Ce sont les documents pré-imprimés fournis par l'administration fiscale, que les entreprises remplissent chaque année en plusieurs exemplaires. L'un de ces exemplaires est destiné aux services fiscaux. Un autre est destiné au Greffe du Tribunal de Commerce de la circonscription où l'entreprise a son siège.

Édités par la direction générale des impôts sous la référence D.G.I. 2 050 et suivantes, ils rassemblent sur quinze pages les chiffres fournis par l'entreprise à l'administration.

La forme des liasses fiscales est une forme légale. Nous pourrions la qualifier de « brute de fonderie ». Ce type d'imprimé n'a rien de poétique. Contrairement au rapport annuel, la liasse fiscale ne comporte ni dessin, ni photo, ni caractères gras, ni couleurs ; la liasse fiscale comporte au contraire une foule de lignes et de chiffres tapés avec la même police de caractères d'une machine à écrire probablement antédiluvienne !

Cette liasse fiscale est enregistrée par les greffes des tribunaux du commerce, qui, de leur côté, la fournissent à qui en fait la demande. La liasse fiscale est donc un document tout à fait officiel et parfaitement public.

Vous trouverez, en annexe à ce chapitre, les liasses fiscales de la société SEB SA, maison-mère du Groupe SEB.

Les comptes des sociétés anonymes sont des documents publics à la disposition de tous. Pour les obtenir, il suffit de les demander au Greffe du tribunal de commerce. Pour quelques dizaines de francs et moyennant quelques jours (ou semaines), vous pouvez ainsi, au moins théoriquement, vous procurer les comptes de toutes les entreprises que vous voulez étudier.

Pour vous les procurer de manière plus rapide et plus moderne, branchez-vous avec votre Minitel sur une banque de données « télématique », la banque Galande, à laquelle vous accédez par le service « Or Télématique », en composant 36 + 15 + OR. Comptez environ cent francs par entreprise et par année, pour obtenir instantanément, à l'écran ou sur votre imprimante, les comptes de l'entreprise que vous voulez analyser.

4. LES RAPPORTS ANNUELS

Volumineux et magnifiques, ces documents sont le plus souvent imprimés sur du papier glacé. Les services de Relations Publiques exercent ainsi leurs talents de communication pour séduire la Communauté financière. Dans ces rapports annuels, les photos en couleur et les graphiques en trois dimensions se disputent la « une ». Les dirigeants y apparaissent souriants et détendus et multiplient au fil des pages, les déclarations apaisantes et les témoignages de satisfaction.

Ces éléments, qui « informent » sur la société, n'ont pas le caractère absolu, froid et parfaitement objectif des chiffres financiers. Ils ne sont pas pour autant dénués de toute valeur informative.

A la fin du rapport annuel figurent les documents financiers. Nous revenons là à l'information purement financière telle que l'ont prévue les textes (Droit commercial, Commission des opérations de Bourse). Plus de fantaisie ni d'expression artistique ; les comptes publiés doivent être « en conformité avec les principes comptables généralement admis en France et au plan international ».

Les « réviseurs » et « commissaires aux comptes » ajoutent leur signature à ces comptes. Ils engagent leur responsabilité en attestant la véracité des comptes. La signature de Coopers & Lybrand sur les comptes consolidés du groupe SEB constitue pour l'analyste externe une garantie supplémentaire. En effet, les auditeurs engagent leur reponsabilité non seulement civile et pénale, mais aussi leur responsabilité morale en attestant la sincérité des comptes d'une entreprise.

Pour une société comme Coopers & Lybrand, la responsabilité morale est synonyme de valeur de fonds de commerce. Qui irait les solliciter comme commissaire aux comptes si leur nom était mêlé à un scandale financier ? Ou s'il était prouvé qu'ils se sont laissés abuser par les managers de telle ou telle société ?

Rapport annuel : commentaire *Coopers and Lybrand*

COMPTES CONSOLIDÉS DU GROUPE SEB

RAPPORT DES RÉVISEURS ET DES COMMISSAIRES AUX COMPTES SUR LES COMPTES CONSOLIDÉS

Mesdames, Messieurs,

Nous avons procédé au contrôle des bilans consolidés de SEB S.A. et de ses filiales aux 31 décembre 1987 et 1986, ainsi que des comptes de résultats et des tableaux consolidés d'évolution des réserves et de financement pour les deux exercices clos à ces dates. Nos vérifications, qui ont été effectuées selon les normes de révision généralement admises, ont de ce fait comporté les contrôles des documents comptables et autres procédures de vérification que nous avons jugés nécessaires. Nous n'avons pas vérifié les états financiers de certaines filiales étrangères dont les actifs et résultats représentent respectivement 3,5 % et 4,4 % des actifs et des résultats consolidés pour l'exercice clos le 31 décembre 1987 (respectivement 2,7 % et 7,7 % pour l'exercice clos le 31 décembre 1986). Ces états financiers ont été vérifiés par d'autres réviseurs selon les normes de révision généralement admises. Pour ce qui concerne ces sociétés, l'avis que nous exprimons est fondé sur leurs rapports.

A notre avis, sur la base de nos vérifications, les états financiers consolidés sont réguliers et sincères et donnent une image fidèle du patrimoine et de la situation financière de SEB S.A. et de ses filiales aux 31 décembre 1987 et 1986, ainsi que des résultats, de l'évolution des réserves et des ressources et emplois de fonds du Groupe pour les deux exercices clos à ces dates, en conformité avec les principes comptables généralement admis en France et sur le plan international, appliqués d'une façon constante.

Lyon et Paris, le 30 mars 1988

Les Commissaires aux Comptes

Jean-Claude MATHAIS

ACL AUDIT S.A.
Christian MARTIN

Les Réviseurs
COOPERS & LYBRAND

Coopers & Lybrand.

5. LES PERSONNES CONCERNÉES PAR LES COMPTES DE L'ENTREPRISE

Un grand nombre de personnes peuvent être concernées par l'examen des comptes de l'entreprise, pour des raisons très diverses.

LES ACTIONNAIRES

Il y a en France 55 millions d'actionnaires, par le biais des entreprises nationalisées (depuis 1981) ou publiques : nous sommes donc tous concernés par Péchiney (nationalisée en 81) et par la SNCF ou la Régie Renault. Certes chacun d'entre nous n'est qu'actionnaire très minoritaire. Mais, compte tenu de la valeur de ces entreprises, qui se chiffre en dizaines de milliards de francs chacune, notre mise n'est pas nulle.

Ainsi la Société Générale, qui faisait automatiquement partie de notre patrimoine commun avant sa dénationalisation, valait de l'ordre de 28 milliards de francs en automne 1988 (56 millions d'actions à 500 francs l'action). Chaque citoyen avait donc en portefeuille une demi-part de Société Générale, donc environ 250 francs d'actions Société Générale.

De même, quand l'État, en notre nom, fait une remise de dettes de douze milliards de francs **à notre** société, Renault, ce sont encore près de 250 francs (12 milliards de francs pour 55 millions de français) qui sortent de notre poche.

Et si l'on ajoute à cette demi-action Société Générale, à ces nouvelles actions Renault auxquelles nous venons de souscrire, celles de l'EDF, de la SNCF, de Péchiney, de Thomson, des AGF, du GAN, de l'UAP, de la BNP..., on arrive à un portefeuille moyen de quelques dizaines de millions de centimes par citoyen.

Nous nous sentons plus directement concernés par nos investissements directs que par les investissements gouvernementaux effectués par l'État en notre nom. Les achats que nous faisons en Bourse, ou les participations que nous prenons dans les sociétés montées par nos parents, amis ou relations, nous préoccupent davantage que notre portefeuille d'actions d'État.

Les attentes des actionnaires peuvent être de diverses nature : certains actionnaires ont investi pour obtenir des dividendes. Or, qui dit dividendes dit capacité bénéficiaire, faibles besoins d'investissement et possibilité d'emprunter. L'examen des comptes nous indiquera si ces conditions sont réunies.

Certains actionnaires ont investi pour faire des plus-values. Or qui dit plus-values dit entreprise en croissance, marché en expansion, position concurrentielle forte, risque élevé. Là encore l'examen des comptes permettra d'entrevoir si les plus-values espérées ont des chances de se concrétiser.

LES BANQUIERS

Le banquier sollicité pour octroyer un crédit à l'entreprise est bien sûr essentiellement concerné par la faculté qu'a l'entreprise de faire face à ses engagements. Il évaluera cette capacité à partir du bilan, où figurent les engagements passés, et à partir du compte de résultat qui évalue les excédents dégagés par l'exploitation de l'entreprise.

LES FOURNISSEURS

Il est de tradition, dans le monde économique occidental de vendre à crédit. Aussi les fournisseurs sont-ils, de facto, les « banquiers » de leurs clients. Certes, ils prêtent à plus court terme que le banquier classique, généralement sur une période allant de un à trois mois. Cela dit, s'ils fournissent l'entreprise de manière régulière, ils font une série de prêts à court terme qui peuvent être qualifiés de « revolving » et se retrouvent donc « banquiers permanents » de leurs clients. La solvabilité de ces clients, analysée à partir du bilan est, pour eux, de première importance.

LES CLIENTS

Le client est roi. Il attend bien évidemment de son fournisseur des produits de qualité au meilleur prix et dans les meilleurs délais. Il est donc concerné par la santé financière de son fournisseur.

Peut-on imaginer qu'une entreprise de vente par correspondance comme La Redoute, irait investir une page de son catalogue dans la promotion de produits fabriqués par SEB si elle pensait que SEB allait déposer son bilan dans les six mois ?

Peut-on imaginer qu'une entreprise industrielle comme Peugeot irait investir dans un processus de montage du démarreur fabriqué par Valéo si elle pensait que Valéo allait déposer son bilan dans les six mois ?

LE PERSONNEL

Chaque employé de l'entreprise doit se sentir concerné par la santé de l'entreprise. Santé instantanée, traduite par le bilan actuel. Mais aussi santé future qui proviendra de l'enrichissement de l'entreprise traduit dans les comptes de résultat.

Si le chiffre d'affaires de votre entreprise croît de 20 % par an et si ses résultats suivent la même progression, vous avez un avenir dans le cadre de cette société. Si au contraire le chiffre d'affaires stagne ou diminue, si les pertes s'accumulent, cherchez un autre employeur, et vite !

Si votre entreprise dégage un résultat net de 20 % du chiffre d'affaires et si les frais de personnel s'élèvent à 50 % du CA, votre Comité d'entreprise peut envisager d'obtenir une augmentation globale du personnel. Si au contraire le résultat n'est que de 2 % du CA et les frais de personnel 60 % de ce même CA, les chances d'augmentation globale sont réduites à zéro.

6. LES ÉTATS FINANCIERS

Chaque entreprise établit systématiquement :

• un **bilan** à la date du dernier jour de l'exercice, accompagné d'éléments annexes.

Vous trouverez ci-après les pages 1 et 2 de la liasse Cerfa de SEB sur lesquelles figure le bilan.

• un **compte de résultat**.

Ci-après, vous avez les pages 3 et 4 de la liasse Cerfa de SEB sur lesquelles figure le compte de résultat.

Ces « états financiers », (le mot « état financier » est le terme générique de ce type de rapport) sont les pièces maîtresses des liasses fiscales. Mais dans les rapports annuels, où l'entreprise se montre moins avare d'informations, on a le plus souvent d'autres états, et notamment :

• un tableau emplois-ressources

• un tableau des flux financiers.

Liasse fiscale SEB, bilan

cerfa N° 30-2107

Formulaire obligatoire (article 53 A du code général des impôts)

① BILAN — ACTIF

D.G.I. N° 2050-N 8 (Janvier 1988)

Désignation de l'entreprise : SEB S.A. — Durée de l'exercice exprimée en nombre de mois* 12

Adresse de l'entreprise B.P. 172 - 69132 ECULLY cedex — Durée de l'exercice précédent* 12

Numéro SIRET* 310 034 963 60001 13 — Code APE 7 6 0 0

Exercice précédent (N-1) clos le : 31.12.86

(Ne pas reporter le montant des centimes)*			Exercice N, clos le : 31.12.87				31.12.86
			Brut 1		Amortissements, provisions 2	Net 3	Net 4
	Capital souscrit non appelé (0)	AA					
ACTIF IMMOBILISÉ* — Immobilisations incorporelles	Frais d'établissement*	AB	–	AC			
	Frais de recherche et développement*	AD		AE			
	Concessions, brevets et droits similaires	AF	40 117 500	AG	34 751 613	5 365 887	6 543 944
	Fonds commercial (1)	AH		AI			
	Autres immobilisations incorporelles	AJ		AK			
	Avances et acomptes sur immobilisations incorporelles	AL		AM			
Immobilisations corporelles	Terrains	AN	4 793 000	AO	-	4 793 000	4 793 000
	Constructions	AP	9 738 125	AQ	6 080 980	3 657 145	4 101 019
	Installations techniques, matériel et outillage industriels	AR		AS			
	Autres immobilisations corporelles	AT	239 531	AU	103 412	136 119	182 552
	Immobilisations en cours	AV		AW			
	Avances et acomptes	AX		AY			
Immobilisations financières (2)	Participations	AZ	859 314 145	BA	159 193 599	700 120 546	651 673 986
	Créances rattachées à des participations	BB	162 039 906	BC	-	162 039 906	216 557 699
	Autres titres immobilisés	BD	1 394 582	BE	-	1 394 582	1 137 760
	Prêts	BF		BG			
	Autres immobilisations financières*	BH	31 443 581	BI	144 704	31 298 877	6 725 780
	TOTAL (I)	BJ	1 109 080 370	BK	200 274 308	908 806 062	891 715 740
ACTIF CIRCULANT — Stocks*	Matières premières, approvisionnements	BL		BM			
	En cours de production de biens	BN		BO			
	En cours de production de services	BP		BQ			
	Produits intermédiaires et finis	BR		BS			
	Marchandises	BT		BU			
	Avances et acomptes versés sur commandes	BV	8 895	BW	-	8 895	8 895
Créances	Clients et comptes rattachés (3)*	BX	204 480 113	BY	-	204 480 113	167 776 791
	Autres créances (3)	BZ	42 921 353	CA	-	42 921 353	33 680 532
	Capital souscrit et appelé, non versé	CB		CC			
Divers	Valeurs mobilières de placement (dont actions propres : ....)	CD	71 189 417	CE	61 033	71 128 384	27 171 706
	Disponibilités	CF	21 510 034	CG	-	21 510 034	3 101 935
	Charges constatées d'avance (3)*	CH	2 321 766	CI	-	2 321 766	1 435 073
	TOTAL (II)	CJ	342 431 578	CK	61 033	342 370 545	233 174 932
Comptes de régularisation	Charges à répartir sur plusieurs exercices* (III)	CL					
	Primes de remboursement des obligations (IV)	CM	65 520			65 520	91 839
	Ecarts de conversion actif* (V)	CN					
	TOTAL GÉNÉRAL (0 à V)	CO	1 451 577 468	1A	200 335 341	1 251 242 127	1 124 982 511

Renvois : (1) Dont droit au bail :	0	(2) part à moins d'un an des immobilisations financières nettes : CP	593 784	(3) Part à plus d'un an : CR	0
Clause de réserve de propriété :* Immobilisations :	0	Stocks :	0	Créances :	0

Des explications concernant cette rubrique sont données dans la notice n° 2032-N

Liasse fiscale SEB, bilan (suite)

cerfa N° 30-2108
Formulaire obligatoire (article 53 A du Code général des impôts)

② **BILAN — PASSIF** avant répartition

D.G.I. N° 2051-N [8]
(Janvier 1988)

Désignation de l'entreprise SEB S.A.

	(Ne pas reporter le montant des centimes) *		Exercice N 1	Exercice N – 1 2
CAPITAUX PROPRES	Capital social ou individuel (1)* (Dont versé : ....)	DA	260 761 200	255 408 700
	Primes d'émission, de fusion, d'apport, ...	DB	159 359 005	123 384 561
	Ecarts de réévaluation (2)*	DC	117 830 364	78 255 567
	Réserve légale (3)	DD	22 533 661	22 521 861
	Réserves statutaires ou contractuelles	DE	–	–
	Réserves réglementées (3) (4)	DF	30 989 529	28 964 904
	Autres réserves	DG	–	–
	Report à nouveau	DH	51 780 976	102 073 348
	RÉSULTAT DE L'EXERCICE (bénéfice ou perte)	DI	71 049 516	236 006
	Subventions d'investissement	DJ	–	–
	Provisions réglementées *	DK	381 838	415 494
	TOTAL (I)	DL	714 686 089	611 260 441
Autres fonds propres	Produit des émissions de titres participatifs	DM		
	Avances conditionnées	DN		
	TOTAL (II)	DO		
Provisions pour risques et charges	Provisions pour risques	DP	15 851 225	11 526 350
	Provisions pour charges	DQ	110 105 322	85 609 253
	TOTAL (III)	DR	125 956 547	97 135 603
DETTES (5)	Emprunts obligataires convertibles	DS		
	Autres emprunts obligataires	DT	4 605 429	6 702 376
	Emprunts et dettes auprès des établissements de crédit (6)	DU	77 283 990	70 542 315
	Emprunts et dettes financières divers (7)	DV	281 619 779	305 423 746
	Avances et acomptes reçus sur commandes en cours	DW	–	7 381
	Dettes fournisseurs et comptes rattachés	DX	1 416 823	895 407
	Dettes fiscales et sociales	DY	2 581 589	2 679 913
	Dettes sur immobilisations et comptes rattachés	DZ	–	–
	Autres dettes	EA	43 060 631	30 062 480
Compte régul.	Produits constatés d'avance (5)	EB	31 250	272 849
	TOTAL (IV)	EC	410 599 491	416 586 467
	Ecarts de conversion passif* (V)	ED		
	TOTAL GÉNÉRAL (I à V)	EE	1 251 242 127	1 124 982 511

Total du bilan de l'exercice N en francs et centimes * 1 251 242 126,57

Liasse fiscale SEB, compte de résultat

N° 30-2109 — Formulaire obligatoire (article 53 A du Code général des impôts).

③ COMPTE DE RÉSULTAT DE L'EXERCICE (En liste) — D.G.I. N° 2052-N [8] (janvier 1988)

Désignation de l'entreprise : SEB S.A.

(Ne pas reporter le montant des centimes)*			Exercice N France 1		Exercice N Exportation 2		Exercice N Total 3	Exercice (N-1) 4
PRODUITS D'EXPLOITATION	Ventes de marchandises*	FA		FB		FC		
	Production vendue biens	FD		FE		FF		
	Production vendue services*	FG	60 118 174	FH	-	FI	60 118 174	60 766 015
	Chiffres d'affaires nets*	FJ	60 118 174	FK	-	FL	60 118 174	60 766 015
	Production stockée*					FM		
	Production immobilisée*					FN		
	Subventions d'exploitation					FO		
	Reprises sur amortissements et provisions, transfert de charges*					FP	143 867	1 494 244
	Autres produits (1)					FQ		
	Total des produits d'exploitation (2) (I)					FR	60 262 041	62 260 259
CHARGES D'EXPLOITATION	Achats de marchandises (y compris droits de douane)*					FS		
	Variation de stock (marchandises)*					FT		
	Achats de matières premières et autres approvisionnements (y compris droits de douane)*					FU		
	Variation de stock (matières premières et approvisionnements)*					FV		
	Autres achats et charges externes (3)*					FW	47 848 857	39 724 486
	Impôts, taxes et versements assimilés*					FX	734 471	701 910
	Salaires et traitements*					FY	1 140 591	972 508
	Charges sociales					FZ	313 893	274 616
	DOTATIONS D'EXPLOITATION — Sur immobilisations - dotations aux amortissements*					GA	1 723 899	2 250 906
	DOTATIONS D'EXPLOITATION — Sur immobilisations - dotations aux provisions					GB		
	DOTATIONS D'EXPLOITATION — Sur actif circulant : dotations aux provisions					GC		
	DOTATIONS D'EXPLOITATION — Pour risques et charges : dotations aux provisions					GD	316 868	159 068
	Autres charges					GE	351 407	288 000
	Total des charges d'exploitation (4) (II)					GF	52 429 986	44 371 494
1 - RÉSULTAT D'EXPLOITATION (I - II)						GG	7 832 055	17 888 765
Opérations en commun	Bénéfice attribué ou perte transférée* (III)					GH		
	Perte supportée ou bénéfice transféré* (IV)					GI		
PRODUITS FINANCIERS	Produits financiers de participations (5)					GJ	79 068 178	30 524 943
	Produits des autres valeurs mobilières et créances de l'actif immobilisé (5)					GK	778 185	563 949
	Autres intérêts et produits assimilés (5)					GL	28 743 565	43 027 660
	Reprises sur provisions et transferts de charges					GM	4 265 300	227 000
	Différences positives de change					GN	16 743 871	15 974 693
	Produits nets sur cessions de valeurs mobilières de placement					GO	1 412 349	3 611
	Total des produits financiers (V)					GP	131 011 448	90 321 856
CHARGES FINANCIÈRES	Dotations financières aux amortissements et provisions*					GQ	26 464	2 774 502
	Intérêts et charges assimilées (6)					GR	45 862 315	44 609 575
	Différences négatives de change					GS	17 689 646	11 018 085
	Charges nettes sur cessions de valeurs mobilières de placement					GT	1 633	18 592 520
	Total des charges financières (VI)					GU	63 580 058	76 994 682
2 - RÉSULTAT FINANCIER (V - VI)						GV	67 431 390	13 327 174
3 - RÉSULTAT COURANT AVANT IMPÔTS (I - II + III - IV + V - VI)						GW	75 263 445	31 215 939

(RENVOIS : voir tableau n° 2053-N) * Des explications concernant cette rubrique sont données dans la notice n° 2032-N.

Liasse fiscale SEB, compte de résultat (suite)

cerfa N° 30-2110 Formulaire obligatoire (article 53 A du Code général des impôts)

④ COMPTE DE RÉSULTAT DE L'EXERCICE (Suite) D.G.I. N° 2053- (Janvier 1986)

Désignation de l'entreprise SEB S.A.

	(Ne pas reporter le montant des centimes) *		Exercice N 1	Exercice N − 1 2
PRODUITS EXCEPTIONNELS	Produits exceptionnels sur opérations de gestion	HA	32 259 950	22 976 875
	Produits exceptionnels sur opérations en capital *	HB	103 646	187 779
	Reprises sur provisions et transferts de charges	HC	48 677 362	53 826 059
	Total des produits exceptionnels (7) (VII)	HD	81 040 958	76 990 713
CHARGES EXCEPTIONNELLES	Charges exceptionnelles sur opérations de gestion	HE	2 600 046	49 092 830
	Charges exceptionnelles sur opérations en capital *	HF	139 262	231 322
	Dotations exceptionnelles aux amortissements et provisions	HG	77 266 527	56 714 476
	Total des charges exceptionnelles (7) (VIII)	HH	80 005 835	106 038 628
3 — RÉSULTAT EXCEPTIONNEL (VII − VIII)		HI	1 035 123	(29 047 915)
Participation des salariés aux résultats de l'entreprise (IX)		HJ		
Impôts sur les bénéfices * (X)		HK	5 249 052	1 932 018
TOTAL DES PRODUITS (I + III + V + VII)		HL	272 314 447	229 572 829
TOTAL DES CHARGES (II + IV + VI + VIII + IX + X)		HM	201 264 931	229 336 822
4 — BÉNÉFICE OU PERTE (total des produits — total des charges)		HN	71 049 516	236 006

CHAPITRE 2

UN PREMIER REGARD SUR LE BILAN

Ne perdez pas une seconde : reportez-vous tout de suite à la fin de ce chapitre. Voici de nouveau,le bilan de la société SEB SA dont les produits électro-ménagers, vendus sous le nom de SEB, Calor, Rowenta ou Tefal, garnissent peut-être les placards de votre cuisine.

Il s'agit du bilan extrait du rapport annuel. Simple, direz-vous ? Trop simple, peut-être ? Bien plus simple en tout cas que les pages 1 et 2 de la liasse fiscale qui figure à la fin du chapitre précédent. En apparence seulement puisqu'il s'agit des mêmes comptes de la même société. Vous pouvez d'ailleurs vérifier. Les chiffres s'accordent bien.

Et pourtant, un bilan ce n'est que ça. Nous allons encore le simplifier, en utilisant une méthode infaillible et qui a déjà fait ses preuves, la méthode exposée par Descartes dans le Discours de la Méthode !

1. LE BILAN A L'INSTANT « t »

Le bilan est établi à une date donnée. Ce n'est ni le bilan d'une année d'exercice, ni le bilan d'une opération. Il ne traduit pas une différence entre des données au 1er janvier et les mêmes données au 31 décembre. C'est au contraire la **photographie instantanée** de l'entreprise au dernier jour de l'exercice.

Aussi, quand on parle de « bilan 87 », commet-on une erreur de langage. Il n'y a pas de bilan 87 mais un bilan au 31/12/87, comme il y a un bilan au 30/06/87, comme il y a un bilan à chaque instant si l'on se donne la peine de l'établir. Et encore devrait-on parler du bilan au 31 décembre à minuit, lui-même quelque peu différent du bilan de ce même jour à huit heures.

Aujourd'hui, à l'heure de l'informatique, il est possible d'établir un bilan instantané en appuyant sur un bouton, pour peu bien entendu que toutes les opérations aient été enregistrées.

Vous avez sans doute remarqué, dans le document ci-après (pages 26 et 27), que ce n'est pas seulement le bilan de SEB au 31/12/87 qui vous est fourni, mais deux bilans :

- le bilan à fin 86 (colonne de gauche)
- le bilan à fin 87 (avant dernière colonne à droite).

Depuis la réforme du plan comptable, les états financiers des entreprises nous sont systématiquement fournis sur deux années consécutives, afin que nous puissions nous faire une première idée de l'évolution de l'entreprise d'une année sur l'autre.

2. LA FORME DES CHIFFRES DU BILAN

Chacun sait que le comptable travaille au centime près. En effet, une erreur portant sur un centime peut être la partie émergée d'un manque de rigueur dont les dimensions peuvent être dévastatrices. Ainsi, un centime de trop sur le résultat peut provenir d'une erreur de 1 million de francs sur les ventes et de 1 million de francs et 1 centime sur les coûts.

Cependant, dans le cadre de l'analyse des comptes d'une entreprise, il n'est plus question de parler en francs et en centimes.

S'il s'agit d'une petite entreprise, il convient de parler en milliers de francs (parfois appelés KF, comme kilo-francs). Dans le cadre d'une moyenne entreprise on utilise le million de francs (parfois appelé « MF ». Pour les grosses entreprises, on raisonne en milliards de francs (le « MMF »).

En analyse financière (car c'est d'analyse financière dont nous parlons, au même titre que monsieur Jourdain faisait de la prose), on utilisera, au maximum, 3 chiffres significatifs. C'est ainsi que nous serons bien assez précis en évaluant les dettes de SEB au 31/12/87 à 410,6 MF alors que le solde comptable est de 410.599.491 francs.

Dans la tradition comptable, surtout outre-Atlantique, il est de coutume de mettre entre parenthèses les chiffres négatifs, ou les chiffres à soustraire, plutôt que de les faire précéder par un signe « moins ». On estime que les éléments de la colonne (2) sont plus parlants que ceux de la colonne (1).

Enfin, on a aussi l'habitude d'utiliser des virgules ou des points pour séparer les groupes de trois chiffres. Ces virgules séparatrices permettent de mieux visualiser l'ordre de grandeur du chiffre. Ainsi le graphisme de la colonne (2) est plus parlant que celui de la colonne (1).

	la forme arithmétique (1)	**la forme financière** (2)
Ventes Usine 1	10000	10.000
Coûts Usine 1	–11000	(11.000)
Profit	–1000	(1.000)

3. LES COMPOSANTES DU BILAN

Synthétiquement, le bilan comporte trois parties.

a) **D'abord tous les avoirs** de l'entreprise, pour lesquels le terme consacré est « actif » ou encore « élément d'actif ». Cest éléments d'actif sont rassemblés dans la partie du bilan qui s'appelle « Actif » et qui est conventionnellement la partie gauche du bilan. Parfois on met cet actif en haut du bilan.

Un exemple de bilan de rapport annuel : SA SEB

BILAN

(en francs)

CE QUE L'ENTREPRISE POSSÈDE

ACTIF	1987			1986
	Brut	Amortissements, provisions	Net	Net
Actif immobilisé				
• Immobilisations incorporelles				
Concessions, brevets et droits similaires	40 117 500	34 751 613	5 365 887	6 543 944
• Immobilisations corporelles				
Terrains	4 793 000	–	4 793 000	4 793 000
Constructions	9 738 125	6 080 980	3 657 145	4 101 019
Autres immobilisations corporelles	239 531	103 412	136 119	182 552
• Immobilisations financières				
Participations	859 314 145	159 193 599	700 120 546	651 673 986
Créances rattachées à des participations	162 039 906		162 039 906	216 557 699
Autres titres immobilisés	1 394 582		1 394 582	1 137 760
Autres immobilisations financières	31 443 581	144 704	31 298 877	6 725 780
Total	**1 109 080 370**	**200 274 308**	**908 806 062**	**891 715 740**
Actif circulant				
• Créances				
Avances et acomptes versés sur commandes	8 895	–	8 895	8 895
Clients et comptes rattachés	204 480 113	–	204 480 113	167 776 791
Autres créances	42 921 353	–	42 921 353	33 680 532
• Divers				
Valeurs mobilières de placement	71 189 417	61 033	71 128 384	27 171 706
Disponibilités	21 510 034	–	21 510 034	3 101 935
• Comptes de régularisation				
Charges constatées d'avance	2 321 766	–	2 321 766	1 435 073
Total	**342 431 578**	**61 033**	**342 370 545**	**233 174 932**
Primes de remboursement des obligations	65 520	–	65 520	91 839
Total Actif	**1 451 577 468**	**200 335 341**	**1 251 242 127**	**1 124 982 511**

Avant affectation des résultats (en francs)

CE QU'ELLE DOIT ——> CE QU'ELLE VAUT

PASSIF	1987	1986
Capitaux propres		
Capital social	260 761 200	255 408 700
Primes d'émission et de fusion	159 359 005	123 384 561
Écarts de réévaluation	117 830 364	78 255 567
Réserve légale	22 533 661	22 521 861
Réserves réglementées	30 989 529	28 964 904
Report à nouveau	51 780 976	102 073 348
Résultat de l'exercice	71 049 516	236 006
Provisions réglementées	381 838	415 494
Total	**714 686 089**	**611 260 441**
Provisions pour risques et charges		
Provisions pour risques	15 851 225	11 526 350
Provisions pour charges	110 105 322	85 609 253
Total	**125 956 547**	**97 135 603**
Dettes		
Emprunts obligataires	4 605 429	6 702 376
Emprunts et dettes auprès des établissements de crédit	77 283 990	70 542 315
Emprunts et dettes financières divers	281 619 779	305 423 746
Avances et acomptes reçus	–	7 381
Dettes fournisseurs et comptes rattachés	1 416 823	895 407
Dettes fiscales et sociales	2 581 589	2 679 913
Autres dettes	43 060 631	30 062 480
Produits constatés d'avance	31 250	272 849
Total	**410 599 491**	**416 586 467**
Total Passif	**1 251 242 127**	**1 121 982 511**

Ainsi, l'ensemble des actifs de SEB SA au 31/12/87 est de 1251,2 millions de francs.

b) **Ensuite, il y a les dettes de l'entreprise,** qui figurent traditionnellement en bas, à droite du bilan. Elles représentent l'ensemble des engagements de l'entreprise envers les tiers, c'est-à-dire ses fournisseurs, ses banquiers, le fisc, le personnel, et bien d'autres encore. Les sommes enregistrées en dettes constituent les montants qu'il conviendra de décaisser.

c) **Enfin, il y a les fonds propres** (FP), encore appelés capitaux propres. Et que sont ces fonds propres ? La différence entre ce que l'entreprise a et ce que l'entreprise doit. On a l'égalité fondamentale, qui est une définition des FP,

(1) FP = Actifs – Dettes

Dans le cas de SEB, nous avons donc :

Fonds propres = Actifs – Dettes

Actifs	1.251,2
– Dettes	(410,6)
Fonds propres	840,6

4. ÉGALITÉ DE L'ACTIF ET DU PASSIF

Quoi de plus naturel et intuitif que cette définition des fonds propres ? Faut-il des calculs longs et compliqués pour arriver à la conclusion que si on a 100 dans une poche (actifs) mais si on s'est engagé pour 60 (dettes), on « vaut » (on pèse, dirait un américain)

$$100 - 60 = 40$$

L'équation (1) est donc un truisme, une totologie, une évidence, une donnée du bon sens le plus primaire et le moins élaboré. Cette évidence ne s'applique d'ailleurs pas uniquement aux sociétés commerciales ou industrielles.

Cette équation s'applique à chacun d'entre nous. Si nous possédons vêtements, voitures, meubles, immeubles, et liquidités, nous pouvons avoir en contrepartie des dettes et notre patrimoine est égal à la différence entre les uns et les autres.

Cette équation vaut aussi pour toutes les personnes morales qui ne sont pas tenues d'établir un bilan, comme les communes, conseils régionaux et autres conseils généraux qui gèrent en notre nom des patrimoines souvent considérables.

Traditionnellement, l'équation (1) ne se présente pas sous cette forme dans le monde de la comptabilité et de la finance. On l'écrit plutôt d'une autre manière, parfaitement équivalente, qui est l'équation ci-dessous :

(2) Actif = Dettes + Fonds propres

les deux termes à droite du signe égal sont regroupés dans ce qui est convenu d'appeler « passif ». On a alors l'égalité de base :

(3) Actif = Passif

Cette égalité ne provient pas d'une longue suite de calculs. Elle ne fait que traduire la définition de fonds propres.

5. LIAISON BILAN-COMPTE DE RÉSULTAT

Il est clair qu'il y a une relation entre le bilan et le compte de résultats. Cette relation est basée sur l'équation (1) :

(1) FP = Actifs – Dettes

Cette relation peut s'expliquer par l'analogie de la baignoire.

Imaginez donc votre baignoire remplie d'eau, munie d'un robinet et d'une bonde de vidange. Le volume d'eau contenu est analogue au volume des fonds propres de l'entreprise.

A l'instant *t*, les fonds propres sont au niveau FP, votre baignoire contient « x » litres. A ce même instant, l'eau pénètre par le robinet largement ouvert et s'écoule simultanément par la bonde. Il est bien sûr possible, et même nécessaire, de connaître le niveau de l'eau. Ainsi, à 10 heures 00, il y a 200 litres d'eau. A 11 heures, il y a 260 litres d'eau. On pourrait se contenter de citer ces chiffres.

Mais on en dira plus si, partant du volume d'eau initial, 200 litres à 10 h 00, on constate qu'il entre 2 litres d'eau à la minute par le robinet, et qu'il s'en écoule un par la vidange, ce qui se traduit par une augmentation de 60 litres à l'heure.

Liaison Compte de résultat – Bilan

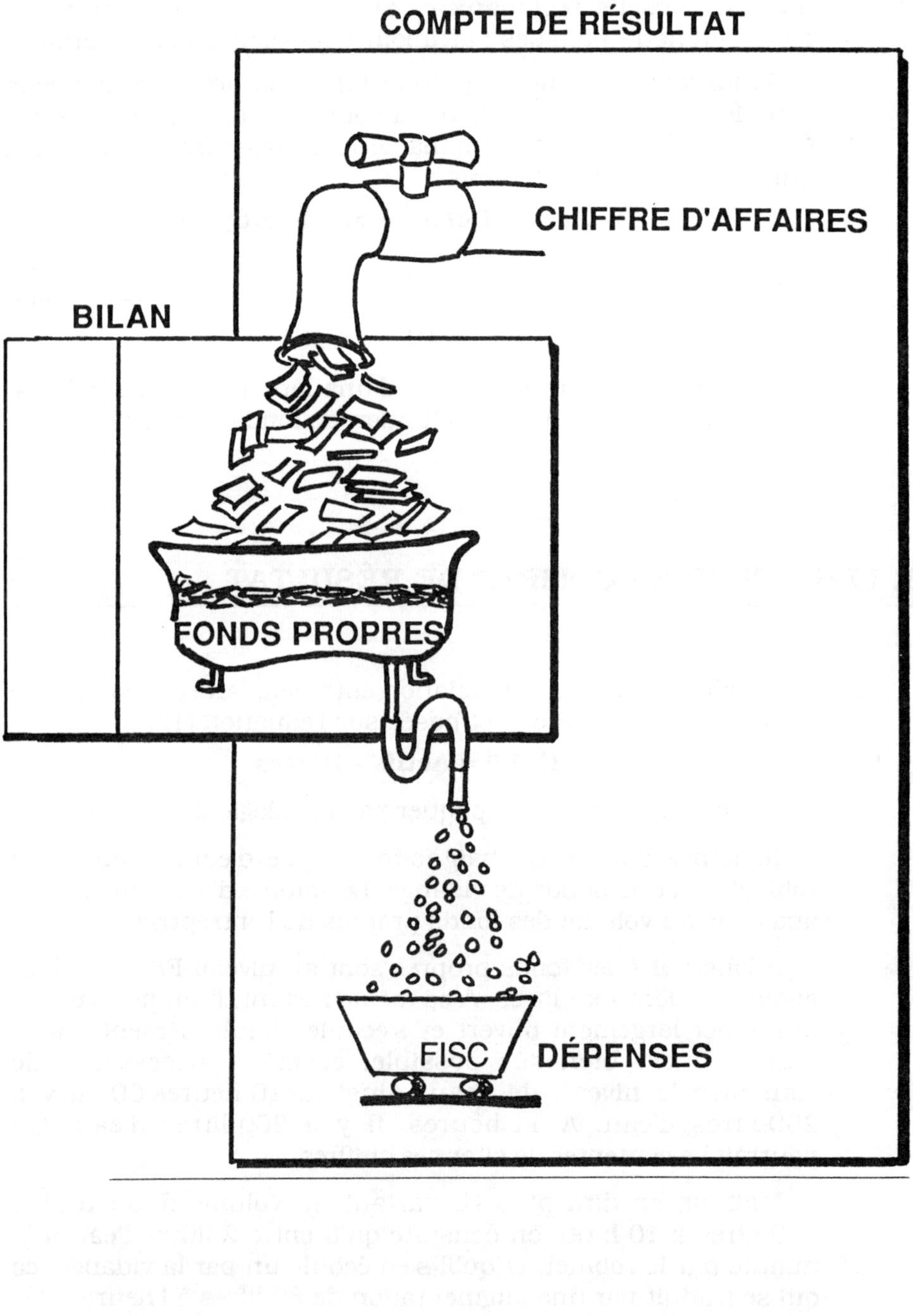

On pourra dresser un tableau des flux d'eau dans la baignoire.

Volume versé entre 10 et 11 heures	120 l
Volume écoulé entre 10 et 11 heures	- 60 l
Augmentation du niveau	60 l

Il en est de même pour l'entreprise. Il faut savoir de combien les fonds propres augmentent ou diminuent. L'eau du robinet peut être comparée au chiffre d'affaires (le montant des ventes). L'eau qui s'écoule peut être comparée au montant des dépenses.

La différence entre les deux au profit.

Quand l'entreprise vend, ses comptes clients se remplissent, donc ses actifs augmentent ; les fonds propres aussi. Mais simultanément, ses stocks se dégarnissent, et le niveau des fonds propres « baisse » comme le niveau de l'eau.

Quand l'entreprise encaisse une créance de 100, il n'y a ni entrée d'eau, ni sortie : le niveau est inchangé : un actif a diminué (le compte client) un autre a augmenté (le compte en banque). C'est comme si on avait pris de l'eau au fond de la baignoire pour la reverser en surface.

Si l'entreprise utilise ces 100 pour rembourser une dette de 100, là encore, le niveau de l'eau ne bouge pas. Un actif diminue, la banque ; mais un élément de passif, la dette de 100, diminue du même montant.

Alors que le bilan constate le niveau de l'eau à un instant donné, **le compte de résultat enregistre :**

- le volume d'eau qui est entré entre 10 et 11 heures (comparable à l'augmentation des postes d'actifs)
- le volume d'eau écoulé sur la même période.

A la suite de ces enregistrements, il constate la variation du volume, égale au volume d'eau entré, diminué du volume d'eau sorti.

Cette différence entre ces deux volumes s'ajoute au volume d'eau initialement contenu dans la baignoire, comme le profit gagné sur une année d'exploitation vient s'ajouter au montant initial des fonds propres au début de l'exercice.

Exercice

Vous avez ci-dessous des extraits de bilans de Pronuptia, franchiseur dans le prêt-à-porter pour les mariés. Cotée au hors-cote de la Bourse de Paris, Pronuptia a hélas subi quelques vicissitudes.

Complétez le bilan en remplaçant les tirets par les chiffres qui devraient y figurer :

	1982	1983	1984	1985
Immobilisations nettes	—	16 546	16 742	14 900
Actifs circulants	25 133	24 579	30 932	18 020
Fonds propres	14 064	—	11 504	—
Dettes à long terme	5 829	6 905	—	19 170
Fournisseurs	9 788	9 521	16 246	22 475
Autres dettes à court terme	11 678	10 361	5 310	10 291
Dettes court terme	21 466	19 882	21 556	32 766

CHAPITRE 3

LE BILAN PAR GRANDES MASSES

Devant le nombre de chiffres que comporte un bilan, il faut s'efforcer de synthétiser, en regroupant dans une même enveloppe des éléments différents, mais bien sûr homogènes. C'est ainsi que la première tâche de l'analyste financier consiste à établir le bilan par grandes masses.

La tâche est d'autant plus aisée que les alinéas figurant à l'actif du bilan n'ont pas été mis dans n'importe quel ordre. Ils ont été classés, de haut en bas, par ordre de liquidité croissante. Autrement dit, le caractère d'homogénéité auquel nous faisions référence, ce sera la liquidité (pour les actifs) ou la durée avant l'exigibilité (pour les dettes).

1. LA LIQUIDITÉ DES ACTIFS

Considérons le cas de la Société SEB, fabricant d'appareils électro-ménagers. On peut très sommairement classer ses actifs selon la typologie suivante :

a) des usines ;

b) des titres de participation dans ses filiales ;

c) des stocks de matières premières qui seront transformés en stocks de produits finis avant d'être vendus aux clients ;

Notons que dans le cas d'une société holding – c'est précisément le cas de SEB SA –, il n'y a pas de stocks de matières premières ; en effet, ces stocks sont détenus par les filiales opérationnelles. La holding n'a en stock que du papier et des crayons...

d) des créances, provenant principalement des ventes effectuées mais non encore réglées ;

e) des liquidités, provenant des encaissements sur les ventes passées.

2. L'ACTIF IMMOBILISÉ

Ainsi, on trouve en haut de l'actif les éléments d'actif les moins liquides. C'est-à-dire les moins susceptibles de se transformer en argent liquide.

On les regroupe sous le vocable d'actifs immobilisés. Leur dénomination d'immobilisation, ou leur qualificatif d'immobilisé, est bien synonyme de leur manque de liquidité. Ces actifs ne sont en général pas susceptibles de se transformer en liquidités dans moins d'un an : on les regroupe donc dans la première grande masse, celle de l'actif immobilisé, parfois encore appelé « Actif à long terme ».

Que ce soit dans les liasses Cerfa ou dans les rapports annuels, ce sous-total est calculé : vous n'avez pas à faire l'addition, qui a déjà été faite et qui apparaît dans le Total 1 de la liasse fiscale.

3. L'ACTIF CIRCULANT

Sous ce titre d'actif circulant (parfois au pluriel), sont regroupés les actifs susceptibles de se transformer en argent liquide avant la fin de l'année. L'actif circulant se compose essentiellement :

- des stocks,
- des créances-clients,
- des créances autres,
- des disponibilités.

Le total des actifs circulants est lui-même calculé. Dans les liasses fiscales, c'est le total qui porte le numéro 2.

4. LES NON-VALEURS

Nous n'avons pas encore épuisé l'actif, puisque, entre le total de l'actif – lui aussi calculé et dénommé « total général » – et l'actif circulant figurent encore les comptes de régularisation. Comme leur nom l'indique, le rôle de ces comptes est de régulariser certaines écritures.

Certaines régularisations constituent réellement des avoirs : ainsi une prime d'assurance payée en octobre 88 pour une période allant de septembre 88 à octobre 89 devra être régularisée. C'est une charge payée d'avance. Elle ne traduit pas un montant récupérable sous forme d'argent liquide. Par contre, elle désigne un débours qui ne sera pas à faire.

Mais il est des régularisations qui ne constituent en aucun cas des actifs, et qui ne se traduiront jamais sous forme de liquidités. Tel est le cas des primes d'émission des obligations. Ces primes proviennent de ce qu'on a obtenu 95 francs contre une promesse de payer 100 francs. Les 5 francs de différence ont été comptabilisés sous forme de « prime ».

Ainsi pour la SEB, on a 65 KF de prime dans les actifs. Cet actif ne vaut rien. C'est une non-valeur. On devra diminuer l'actif de ce montant. Et puisqu'on diminue l'actif, il faudra diminuer le passif pour que l'équation (1) qui traduit l'équilibre fondamental reste vérifiée.

Quel élément du passif faut-il dévaluer de ce montant ? Les dettes ? Certainement pas. Ce qui est dû est dû. Ce sont donc les fonds propres qu'il faut diminuer de ce montant.

Sur la quasi-totalité des bilans, on trouve un poste « frais d'établissement ». Sous cette étiquette sont regroupées les dépenses engagées lors de la constitution de la société. Ces frais sont, à l'instar des primes sus-citées, des non-valeurs, des actifs fictifs.

Nous avons donc grossièrement décomposé l'actif en deux « grosses masses » :

– l'actif à court terme

– l'actif immobilisé.

5. L'EXIGIBILITÉ DES DETTES

Le degré d'exigibilité d'une dette exprime le temps plus ou moins long pendant lequel les fonds restent à la disposition de l'entreprise, avant le jour où, enfin, il faudra les rembourser. Pendant ce temps, la dette figure au bilan. Elle en disparaîtra le jour de l'échéance, date à laquelle le montant de la dette ne sera plus exigible mais « exigé » par le créancier qui en demandera le remboursement.

En analyse financière, il est aussi de coutume de séparer les dettes à moins d'un an des dettes à plus d'un an. Les premières sont appelées dettes à court terme, les autres dettes à long et moyen terme.

Examinons le passif de la Société SEB (pages 26 et 27), en commençant par le bas.

Nous trouvons d'abord les dettes immédiatement exigibles. Qu'il s'agisse des dettes fiscales et sociales (2,58 MF) ou des dettes envers les fournisseurs (1,42 MF), ces sommes seront remboursées d'ici quelques semaines.

On pourrait les isoler de celles qui sont à 6 mois. Bien entendu, le trésorier de l'entreprise prend en compte cette distinction. L'analyste financier, au moins dans un premier temps, ne fera pas cette distinction. Il s'arrêtera au fait qu'elles sont exigibles à moins d'un an.

Puis, en remontant le bilan, nous arrivons aux dettes financières. Certaines sont à moins d'un an, d'autres à plus d'un an. Enfin, au-dessus de ces dettes financières figurent les provisions et les fonds propres (714,7 MF), qui ne sont pas exigibles du tout.

Notre objectif est de scinder le passif en trois catégories :

- le passif à court terme,
- les dettes à long et moyen terme,
- les fonds propres.

6. LE PASSIF A COURT TERME

Il est aussi appelé passif circulant et regroupe sous l'un ou l'autre de ces vocables l'ensemble des dettes dues à moins d'un an, quelle que soit la nature de ces dettes.

Ce passif circulant était, dans l'ancien plan comptable, immédiatement perceptible, puisque l'ancien plan comptable classait automatiquement les dettes par leur durée de vie. Hélas, le nouveau plan comptable a choisi de classer l'ensemble des dettes par nature juridique, plutôt que par durée.

L'analyste que vous êtes va donc devoir faire des « reclassements » afin d'attribuer à chacune des trois catégories précitées les dettes qui lui reviennent.

Il faudra sortir du bilan et se reporter à l'annexe du rapport annuel ou à la page 8 de la liasse fiscale (imprimé numéro 2057–N). Là vous sera donné l'ensemble des engagements à moins d'un an : 380,6 MF dans le cas de SEB.

Extrait du rapport annuel SEB
Séparation DLT/DCT, état des dettes

Montant brut	A 1 an au plus	De 1 an à 5 ans	A plus de 5 ans
410 599 491	380 599 491	30 000 000	–

7. LE PASSIF A LONG TERME

Ces engagements à long terme, aussi appelés capitaux permanents, sont égaux au total du passif, diminué des dettes à court terme, dont nous venons de parler. Ils se scindent eux-mêmes en deux parties :

- une partie exigible, qu'il faudra rembourser un jour,
- une partie non exigible : les fonds propres.

Déterminons d'abord les dettes à long terme.

Une partie de ces dettes provient de l'ensemble des dettes figurant au bilan, diminuées des dettes à court terme figurant dans les annexes du bilan.

LES PROVISIONS

L'autre partie provient des provisions. En effet,si l'entreprise a provisionné, c'est en prévision de dépenses à venir. Ces dépenses ne sont pas juridiquement inscrites : si tel avait été le cas, elles ne figureraient pas en provisions mais en dettes. On a provisionné des dépenses probables. Ces dépenses qui vont survenir, vont donner lieu à des décaissements. Elles sont financièrement assimilables à des dettes. On doit donc les ajouter aux dettes.

Mais l'entreprise a aussi provisionné pour payer moins d'impôts. Ou plutôt pour décaler le paiement de ses impôts en le repoussant dans le temps. Une partie de ces provisions provient donc de bénéfices dissimulés, en toute légalité bien entendu, au fisc. Ces provisions-là font donc partie des fonds propres.

Enfin, l'analyse de bilans successifs (c'est-à-dire des bilans établis aux 31 décembre des années 1987, 1986, 1985, 1984, etc.) de l'entreprise montre parfois que l'entreprise dispose en permanence d'un volant stable de provisions. Dans un tel cas, on peut considérer qu'il s'agit d'une ressource permanente de l'entreprise et on peut, à juste titre, considérer qu'il s'agit de fonds propres.

La distinction entre provisions « réelles » et provisions sans fondement n'est pas évidente : l'analyste externe (vous, par exemple !) ne pourra bien entendu pas la faire. Il devra se contenter d'approximation.

Est-ce bien important ? Lorsque vous avez fait X milliers de kilomètres avec le même train de pneus, devez-vous considérer que votre train de pneus est aux trois-quarts usé ou seulement à moitié usé ? Sur ce point bien précis, nous rencontrons l'inexistence de la vérité comptable...

S'il n'est pas de vérité comptable sur les provisions, il est cependant une vérité empiriquement constatée auprès des entreprises.

Plus l'entreprise est prospère, plus elle tentera de diminuer ses impôts en constituant des provisions importantes. Donc plus ses provisions manqueront de fondement, et seront des fonds propres déguisés. A contrario, moins l'entreprise sera prospère ou plus elle sera déficitaire, plus elle aura tendance à ne pas provisionner des dépenses certaines afin de diminuer son déficit ou d'augmenter son profit. On pourra alors être relativement sûr que les provisions sont des dettes réelles, vraisemblablement sous-évaluées.

En conclusion, l'entreprise riche aura de grosses provisions, l'entreprise en difficulté provisionnera aussi peu que possible.

Appliquons ceci à SEB

Il nous faut remanier le bilan tel que nous le fournit le rapport annuel. Nous allons pour cela effectuer les « redressements » (c'est là un terme consacré dans le jargon financier) sur les dettes, les provisions, et les non-valeurs.

Dans le tableau ci-dessous, nous avons indiqué dans la première colonne l'origine de l'information qui permet d'effectuer le redressement. Dans la colonne « libellé » figurent les processus opératoires utilisés.

Origine	**Libellé**	**Montants (MF)**
Bilan	Total passif	1.251,2
Annexes	Dettes à court terme	380,6
Bilan	Dettes	410,6
Calcul	Dettes long moyen terme	30,0
Bilan	Provisions totales	125,9
Jugement	provisions à caractère de dette	(25,0)
Calcul	Provisions à caractère de fonds propres	100,9
Calcul	Dettes à long et moyen terme (Dettes + Provisions)	55,0
Calcul	Fonds propres(Total Passif – dettes à court terme – dettes à long terme)	815,6
	Capitaux permanents	870,6

Nous pouvons maintenant établir le premier bilan par grandes masses de SEB.

Actif immobilisé	908,8	Fonds propres	815,6
		Dettes long et moyen terme	55,0
Actif circulant	342,4	Dettes à court terme	380,6
	1251,2		1251,2

Traditionnellement, et pour faire mieux percevoir les proportions des éléments de haut de bilan (immobilisations et capitaux prermanents) par rapport à ceux de bas de bilan, on présente le bilan par grandes masses sous forme de graphique.

Bilan par grandes masses

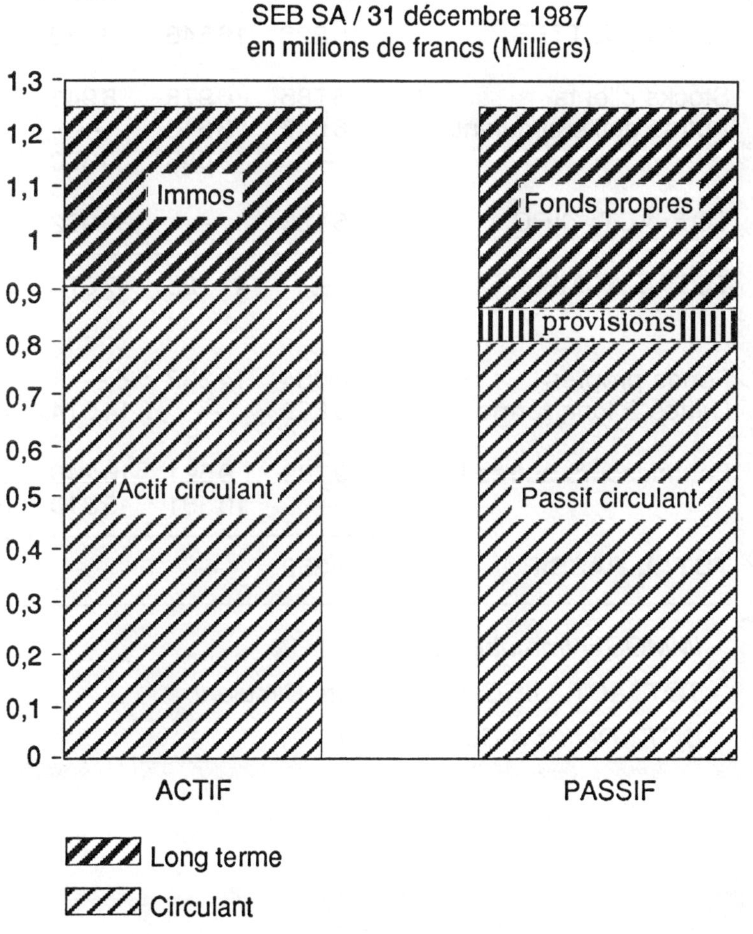

Exercice

Ci-après, voici des extraits des bilans de Pronuptia que vous connaissez déjà. Complétez le bilan en remplaçant les tirets par les chiffres qui devraient y figurer, puis déterminez le bilan de Pronuptia par grandes masses et visualisez sur un graphique son évolution.

	1982	1983	1984	1985
IMMOS NETTES	16 226	16 546	16 742	—
Stocks clients	6 785	6 978	8 941	7 064
Autres actifs circulants	6 647	8 513	—	7 565
	—	9 088	6 379	3 391
TOT. ACT. CIRC.	25 133	—	30 932	18 020
TOTAL ACTIF	—	41 125	47 674	32 650
Fonds propres	14 064	14 338	—	—
Dettes à long terme	5 829	—	14 614	19 170
Fournisseurs autres DCT	9 788	9 521	16 246	22 475
	—	10 361	5 310	10 291
TOTAL PASSIF	41 359	—	—	—

IMMOS = Immobilisations

TOT. ACT. CIRC. = Total Actif Circulant

DCT : Dettes à Court Terme

CHAPITRE 4

LE COMPTE DE RÉSULTAT

1. PRÉCISIONS DE VOCABULAIRE

Nous allons commencer par éclaircir la terminologie en définissant quelques termes fréquemment utilisés. Les définitions ci-dessous sont parfaitement valables pour le non-spécialiste qui jette un premier coup d'œil sur les comptes.

Si,pour un médecin dermatologue,les mots derme, épiderme, et peau sont des termes bien différents, pour l'honnête homme du XXe siècle, ces termes sont synonymes.

De même pour l'analyste financier de « *Kohlberg Kravis and Roberts* », charges et dépenses sont deux choses bien distinctes. Et produits, chiffre d'affaires, transfert de charges ou reprise de provision ne sauraient se confondre.

Cependant, l'« honnête homme du XXe siècle » n'aura pas systématiquement besoin de faire de telles distinctions. Aussi, dans la suite de cet exposé, utiliserons-nous chacun de ces termes comme s'ils étaient synonymes mais avec la toile de fond suivante :

- les **produits** sont une source d'**augmentation** des fonds propres.
- les **charges** ou dépenses sont source de **diminution** des fonds propres.

2. LE COMPTE DE RÉSULTAT ÉTABLI SUR UNE PÉRIODE

Le compte de résultat vient de changer de nom. Dans l'ancien plan comptable, il s'appelait **compte d'exploitation**. Ce dernier vocable est encore largement utilisé, bien que n'ayant plus de définition légale ni comptable.

La présentation, elle aussi, a bien évolué. Le compte de résultat est aujourd'hui présenté en ligne plutôt que sous forme d'un tableau avec une partie débit, et une partie crédit.

Si la forme et la dénomination ont subi un véritable lifting, la réalité du compte de résultat est inchangée. Elle est restée identique à elle-même, dans sa simplicité comme dans sa finalité. **L'objectif du compte de résultat est, comme par le passé, de mesurer de combien les actionnaires se sont enrichis.** Pour reprendre l'analogie de la baignoire, l'objectif du compte est de mesurer l'augmentation du niveau de l'eau.

Dans ces tableaux de chiffres, il y en a cependant un qui est plus important que les autres. Il y en a un qui doit être regardé avant tous les autres, vers qui l'œil doit **immédiatement** se tourner : c'est le **résultat net**. C'est pour dégager ce profit que l'entreprise et son personnel se sont battus pendant une année.

Ce résultat était autrefois appelé bénéfice net. Les Américains parlent, sans aucun complexe, de « *Net profit* ». Il faut être de culture franco-latine pour culpabiliser au son du mot « profit » et avoir banni ce vocable du langage officiel du business ! Ce résultat net n'est guère difficile à trouver. Il apparaît sur la dernière ligne du compte de résultat : la « *Bottom Line* », la ligne du bas.

Que ce soit sur la dernière ligne de la page 4 de la liasse fiscale (en annexe du chapitre 1), ou sur la dernière du compte de résultat du rapport annuel, vous le trouverez très vite sous sa dénomination neutre et légale de résultat net.

Contrairement au bilan qui constitue une photographie instantanée, le compte d'exploitation traduit **l'évolution pendant un an** des fonds propres de l'entreprise. Alors que le terme de « bilan 87 » constitue une erreur de langage, il convient de parler du « **compte de résultat 87** ». A contrario, il serait absurde de parler du compte de résultat « au » 31 décembre 87.

Le compte de résultat est établi pour une certaine période de temps. Dans les liasses fiscales et les rapports annuels, la période est l'année. C'est sur des comptes « annuels » que se penchent les analystes financiers externes, car ils n'ont pas accès, en général, aux données intermédiaires.

Bien entendu, à l'intérieur de l'entreprise, on établit des comptes de résultat sur une base de temps beaucoup plus réduite : tous les trimestres, voire tous les mois.

3. LES TROIS CATÉGORIES DE REVENU

Dans l'analogie avec la baignoire, nous avons précédemment fait allusion à un robinet et à une bonde. Il y en a, en fait, trois de chaque sorte. Il y a trois robinets de différents débits et de nature distincte ; il y a trois bondes de différents diamètres et placées à des niveaux inégaux.

Ces trois catégories apparaissent plus nettement dans **l'architecture** du compte de résultat de SEB SA que vous pouvez consulter dès à présent à la fin de ce chapitre, que sur le modèle comptable de base ci-après.

Modèle de compte de résultat

CHARGES (hors taxes)	Exercice N	Exercice N - 1
Charges d'exploitation (1)		
Achats de marchandises *(a)*		
Variation de stock		
Achats de matières premières et autres approvisionnements *(a)*		
Variation de stock *(b)*		
* Autres achats et charges externes		
Impôts, taxes et versements assimilés		
Salaires et traitements		
Charges sociales		
Dotations aux amortissements et aux provisions		
Sur immobilisations : dotations aux amortissements *(c)*		
Sur immobilisations : dotations aux provisions		
Sur actif circulant : dotations aux provisions		
Pour risques et charges : dotations aux provisions		
Autres charges		
Total I	x	x
Quotes-parts de résultats sur opérations faites en commun (II)	x	x
Charges financières		
Dotations aux amortissements et aux provisions		
Intérêts et charges assimilées (2)		
Différences négatives de charge		
Charges nettes sur cessions de valeurs mobilières de placement		
Total III	x	x
Charges exceptionnelles :		
Sur opérations de gestion		
Sur opérations en capital		
Dotations aux amortissements et aux provisions		
Total IV	x	x
Participation des salariés aux fruits de l'expansion (V)	x	x
Impôts sur les bénéfices (VI)	x	x
Total des charges (I - II - III - IV - V - VI)	x	x
Solde créditeur = **bénéfice** (3)	x	x
TOTAL GÉNÉRAL	x	x
* Y compris :		
- redevances de crédit-bail mobilier		
- redevances de crédit-bail immobilier		
(1) Dont charges afférentes à des exercices antérieurs		
(2) Dont intérêts concernant les entreprises liées		
(3) Compte tenu d'un résultat exceptionnel avant impôts de		

(a) Y compris droits de douane
(b) Stock initial moins stock final montant de la variation en moins entre parenthèses ou précédé du signe (-)
(c) Y compris éventuellement dotations aux amortissements des charges à répartir

PRODUITS (hors taxes)	Exercice N	Exercice N - 1
Produits d'exploitation (1) :		
Ventes de marchandises		
Production vendue (biens et services) (a)		
Sous-total A - Montant net du chiffre d'affaires	x	x
dont à l'exportation :....		
Production stockée *(b)*		
Production immobilisée		
Subventions d'exploitation		
Reprises sur provisions (et amortissements), transferts de charges		
Autres produits		
Sous-total B	x	x
Total (A + B) I	x	x
Quotes-parts de résultat sur opérations faites en commun **II**	x	x
Produits financiers :		
De participation (2)		
D'autres valeurs mobilières et créances de l'actif immobilisé (2)		
Autres intérêts et produits assimilés (2)		
Reprises sur provisions et transferts de charges		
Différences positives de change		
Produits nets sur cessions de valeurs mobilières de placement		
Total III	x	x
Produits exceptionnels :		
Sur opérations de gestion		
Sur opérations en capital		
Reprises sur provisions et transferts de charges		
Total IV	x	x
Total des produits (I - II - III - IV)	x	x
Solde débiteur = **perte** (3)	x	x
TOTAL GÉNÉRAL	x	x
(1) Dont produits afférents à des exercices antérieurs		
(2) Dont produits concernant les entreprises liées		
(3) Compte tenu d'un résultat exceptionnel avant impôts de		

(a) A inscrire le cas échéant, sur des lignes distinctes

(b) Stock final moins stock initial - montant de la variation en moins entre parenthèses ou précédé du signe (-)

Considérons dans un premier temps les revenus d'exploitation et les charges d'exploitation.

Le mot exploitation est à prendre ici dans le sens de « métier de l'entreprise ». L'exploitation, chez Peugeot, c'est la fabrication et la vente d'automobiles. L'exploitation chez SEB c'est l'électro-ménager. Chez Total, ce sont les produits pétroliers. Chez Carrefour, exploitation veut dire distribution, alors qu'à la Compagnie du Midi (les assurances AGP, entre autres), exploitation veut dire encaissement de primes d'assurances et règlement de sinistres.

Ensuite viennent les éléments exceptionnels ; laissons à plus tard l'analyse des éléments financiers, bien que le plan comptable les traite dans l'ordre inverse.

Comme leur nom l'indique, on a rassemblé sous ce chapeau commun les charges et produits qui **ne font pas partie** de l'exploitation courante. Normalement, les montants en jeu sont faibles, au moins par rapport aux chiffres d'exploitation.

Il en est ainsi des charges exceptionnelles sur opérations en capital (139 KF pour SEB SA en 87) comme des plus-values ou moins-values sur des actifs revendus... Rentrent aussi dans cette catégorie les pertes sur les marchés financiers, comme le milliard perdu par VOLKSWAGEN sur le marché des changes ou les 300 millions de la COGEMA sur le Matif...

Enfin,venons en aux éléments financiers.

Les produits financiers ne sont pas générés par une activité industrielle, mais par une **activité financière**.

Il y a deux sortes de produits financiers :

• le revenu des placements de la trésorerie (équivalents aux intérêts de la caisse d'épargne)

• le revenu des titres financiers détenus, c'est-à-dire les dividendes versés par les sociétés dans lesquelles on a des participations.

Alors qu'une société **industrielle** aura essentiellement des **produits d'exploitation** (le chiffre d'affaires principalement), une société **financière** tirera la majeure partie de ses revenus de ses **produits financiers.**

4. LES REVENUS DES HOLDINGS ET CA CONSOLIDÉ

Mais attention ! La distinction entre société industrielle et société financière n'est pas aussi évidente.

Vous n'avez pas sursauté quand, ci-dessus, il a été question du caractère industriel de SEB. Cependant, vous pouvez constater, en annexe de ce chapitre, que le compte de résultat de SEB SA fait apparaître un niveau de produits financiers de 131 MF alors que le montant des produits d'exploitation n'est que de la moitié. SEB SA serait-elle une institution financière plutôt qu'une société industrielle ?

En effet, le groupe SEB est un groupe industriel. Mais la société cotée SEB SA, sur les comptes de laquelle nous nous sommes penchés, est une **holding**. Ceci veut dire que SEB SA détient les actions des autres sociétés, essentiellement industrielles, du groupe. L'objet de SEB SA est précisément la gestion de ses participations. Ce n'est pas de fabriquer des rasoirs et des cocottes.

En conclusion, on peut faire les constatations suivantes :

a) le groupe SEB est essentiellement industriel, et tire l'essentiel de ses revenus de ses produits d'exploitation.

Ceci ne se constate pas sur le compte de résultat de SEB SA, mais sur le compte de résultat, dit consolidé, du groupe. Ce compte « consolidé » s'établit en additionnant les produits d'exploitation de toutes les filiales.

b) SEB SA, la holding, n'est pas une société essentiellement industrielle. Son chiffre d'affaires traduit sa propre activité et non pas les ventes faites par les autres sociétés du groupe. Par contre la holding encaisse les profits reversés par les autres sociétés dont elle détient les titres.

SEB SA a donc des **produits financiers** importants.

5. LA CONSTITUTION DU RÉSULTAT NET

Chacune des trois catégories donne un solde. Le solde, terme comptable, indique la différence arithmétique entre les entrées et les sorties ; **le solde, c'est donc un résultat.**

La somme de ces résultats partiels est finalement amputée de l'impôt sur les bénéfices et de la participation des salariés. Le résultat de ces additions et soustractions, c'est le **résultat net**, le profit net. C'est la propriété des actionnaires. C'est ce qui a été dégagé en contrepartie de leur mise dans la société. C'est la rémunération de leurs capitaux et du risque qu'ils ont pris :

- soit en mettant (par leurs achats d'actions) des capitaux dans l'entreprise
- soit en maintenant les actions qu'ils détenaient antérieurement plutôt que de les vendre pour jouir autrement de leur capital.

Reconstituons le résultat net de SEB, à partir des éléments figurant dans l'annexe de ce chapitre. Nous allons synthétiser sur une page le compte de résultat officiel de la société.

Ainsi la différence entre les produits et les charges d'exploitation, c'est le **solde d'exploitation.** On l'appelle plus naturellement **résultat d'exploitation.** Sa génèse apparaît très clairement sur la liasse fiscale, dans laquelle les opérations à effectuer sur les sous-totaux sont explicitées.

Dans le tableau ci-après, nous avons repris les chiffres officiels extraits du rapport annuel et les termes et repères des liasses fiscales.

De même, les derniers **résultats, résultat financier** et **résultat exceptionnel**, sont déterminés par la différence entre les produits et charges de même nature, de manière parfaitement limpide et explicitée, dans la liasse fiscale, par une opération à effectuer sur les sous-totaux.

Établissement du résultat net de SEB SA
Exercice 1987

Total des produits d'exploitation (I)	60.262
Total des charges d'exploitation (II)	52.429
1 – Résultat d'exploitation (I – II)	7.833
Total des produits financiers (V)	131.011
Total des charges financières (VI)	63.580
2 – Résultat financier (V – VI)	67.431
Total des produits exceptionnels (VII)	81.040
Total des charges exceptionnelles (VIII)	80.005
3 – Résultat exceptionnel (VII – VIII)	1.035
1 – Résultat d'exploitation (I – II)	7.833
2 – Résultat financier (V – VI)	67.431
3 – Résultat exceptionnel (VII – VIII)	1.035
X – Impôts sur les bénéfices	(5.249)
	71.050

Compte de résultat du groupe SEB

(en francs)

		1987	1986
L'EXPLOITATION	**Produits d'exploitation**		
	Prestations de services	60 118 174	60 766 015
	Reprises sur amortissements et provisions, transferts de charges	143 867	1 494 244
	Total	**60 262 041**	**62 260 259**
	Charges d'exploitation		
	Autres achats et charges externes	47 848 857	39 724 486
	Impôts, taxes et versements assimilés	734 471	701 910
	Salaires et traitements	1 140 591	972 508
	Charges sociales	313 893	274 616
	Dotations aux amortissements	1 723 899	2 250 906
	Dotations aux provisions	316 868	159 068
	Autres charges	351 407	288 000
	Total	**52 429 986**	**44 371 494**
	Résultat d'exploitation	**7 832 055**	**17 888 765**
LA FINANCE	**Produits financiers**		
	Produits financiers de participations	79 068 178	30 524 943
	Produits des autres valeurs mobilières et créances de l'actif immobilisé	778 185	563 949
	Autres intérêts et produits assimilés	28 743 565	43 027 660
	Reprises sur provisions et transferts de charges	4 265 300	227 000
	Différences positives de change	16 743 871	15 974 693
	Produits nets sur cessions de valeurs mobilières de placement	1 412 349	3 611
	Total	**131 011 448**	**90 321 856**
	Charges financières		
	Dotations financières aux amortissements et provisions	26 464	2 774 502
	Intérêts et charges assimilées	45 862 315	44 609 575
	Différences négatives de change	17 689 646	11 018 085
	Charges nettes sur cessions de valeurs mobilières de placement	1 633	18 592 520
	Total	**63 580 058**	**76 994 682**
	Résultat financier	**67 431 390**	**13 327 174**
L'EXCEPTIONNEL	**Résultat courant**	**75 263 445**	**31 215 939**
	Produits exceptionnels		
	Produits exceptionnels sur opérations de gestion	32 259 950	22 976 875
	Produits exceptionnels sur opérations en capital	103 646	187 779
	Reprises sur provisions et transferts de charges	48 677 362	53 826 059
	Total	**81 040 958**	**76 990 713**
	Charges exceptionnelles		
	Charges exceptionnelles sur opérations de gestion	2 600 046	49 092 830
	Charges exceptionnelles sur opérations en capital	139 262	231 322
	Dotations exceptionnelles aux amortissements et provisions	77 266 527	56 714 476
	Total	**80 005 835**	**106 038 628**
	Résultat exceptionnel	**1 035 123**	**(29 047 915)**
	Impôt sur les bénéfices	5 249 052	1 932 018
	Résultat net	**71 049 516**	**236 006**

Note : *on ne doit pas s'étonner de trouver peu d'impôts et pas de participation des salariés au niveau de la holding SEB SA. Ces montants ont été établis au niveau des filiales industrielles et apparaissent sur les comptes de ces filiales ainsi que sur les comptes consolidés.*

Compte de résultat consolidé du groupe SEB

(en milliers de francs)

	Notes	1987	1986
Ventes de produits		3 742 723	3 465 347
Frais opérationnels	2	(3 278 044)	(3 131 947)
Résultat opérationnel		**464 679**	**333 400**
Résultat financier	3	(94 699)	(82 256)
Résultat courant		**369 980**	**251 144**
Autres produits et charges	4	(104 899)	(66 049)
Résultat du Groupe avant impôt		**265 081**	**185 095**
Impôt sur les résultats	5	(113 780)	(78 214)
Résultat avant utilisation des déficits antérieurs		**151 301**	**106 881**
Utilisation des déficits antérieurs		13 050	3 242
Bénéfice net du Groupe		**164 351**	**110 123**

(en francs)

Bénéfice par action revenant à SEB S.A. :		
Avant utilisation des déficits antérieurs	58,16	41,85
Bénéfice net	63,18	42,93
Nombre moyen d'actions en circulation pendant l'exercice (note 13)	2 601 439	2 565 001

***Note :** sur le compte de résultat consolidé figure l'ensemble des impôts payés par les sociétés du groupe, l'ensemble des charges et des recettes des sociétés du groupe.*

CHAPITRE 5

LES SOLDES INTERMÉDIAIRES DE GESTION

Nous avons analysé l'enchaînement comptable qui conduit à la détermination du **résultat net.** Nous allons maintenant examiner avec un œil de gestionnaire ce **compte de résultat.** En effet, si la comptabilité nous a permis de connaître le profit obtenu hier, une approche « gestionnaire » va nous permettre de faire des analyses ; aussi bien des analyses du passé que des prévisions portant sur l'avenir, et basées sur ces enseignements du passé ; aussi bien des analyses de l'entreprise elle-même que des analyses de l'entreprise par comparaison avec d'autres entreprises.

Cette approche, nous allons l'entamer par l'établissement des « soldes intermédiaires de gestion » (SIG). Ce nom barbare indique que les-dits soldes sont des points de passage

« intermédiaires » sur le cheminement « gestionnaire » qui part du chiffre d'affaires pour aboutir au résultat final.

Nous allons étudier successivement les sept soldes de gestion du tableau, prévu par le nouveau plan comptable pour les grandes entreprises relevant du système dit *« développé »*. Si ces grandes entreprises sont tenues légalement d'établir ce tableau, les petites entreprises y ont aussi recours.

On pourrait d'ailleurs s'interroger sur la qualité de la gestion d'une société qui se contenterait de son seul compte de résultat, sans l'éclairer à la lumière des soldes de gestion, tant ces « SIG » sont révélateurs.

Certaines entreprises publient d'ailleurs leur compte de résultat sous la forme d'un tableau de soldes de gestion plutôt que sous la forme comptable classique que nous avons étudiée dans le chapitre précédent. C'est le cas de la société ZODIAC, fabricant bien connu d'embarcations pneumatiques, qui fut la première société à avoir été cotée sur le second marché de la Bourse de Paris, dont le compte de résultat consolidé apparaît en annexe de ce chapitre.

Il y a sept soldes dans le tableau :

- la production
- la marge commerciale
- la valeur ajoutée
- l'excédent brut d'exploitation
- le résultat d'exploitation
- le résultat courant avant impôts
- le résultat exceptionnel.

Ces soldes s'articulent entre eux comme l'explicite le tableau ci-après. Mais nous allons illustrer par quelques exemples la logique de cette articulation.

Tableau des soldes de gestion

Formation et niveaux des résultats

Méthodologie de la Centrale des Bilans de la Banque de France

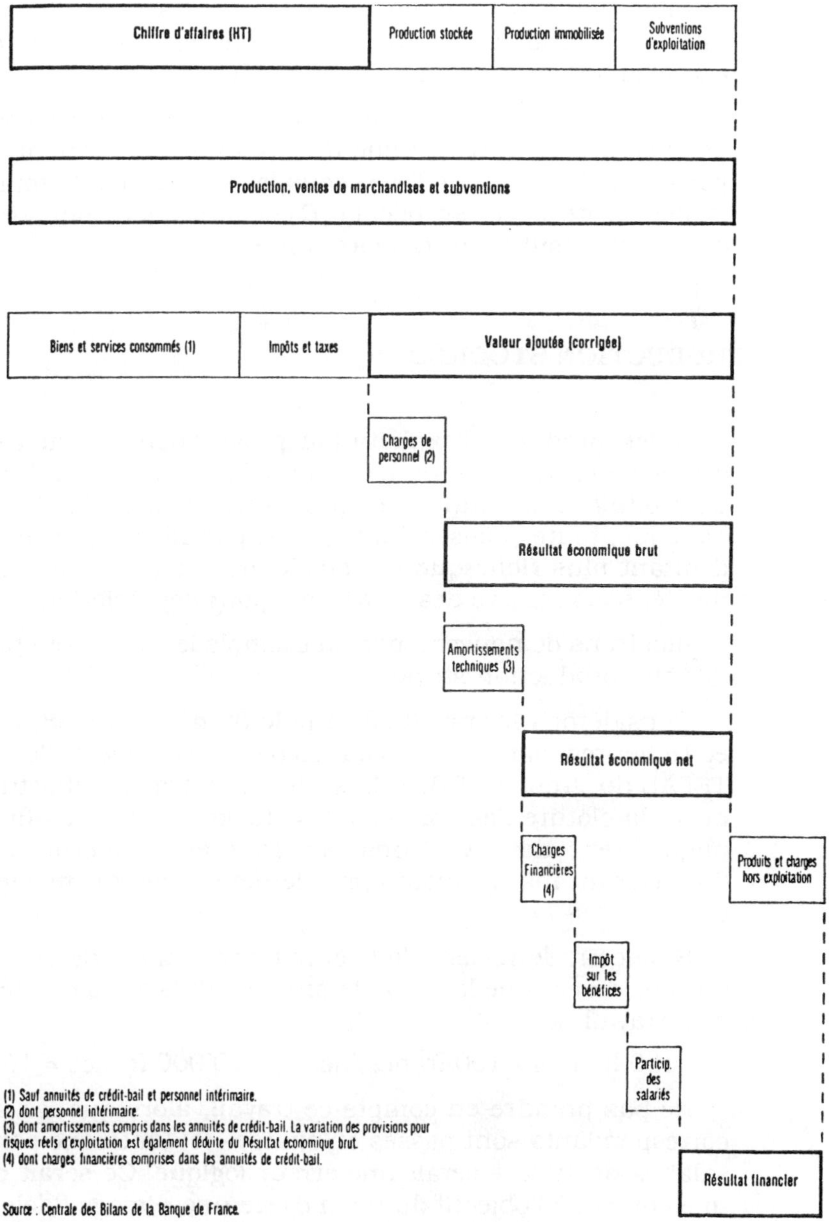

(1) Sauf annuités de crédit-bail et personnel intérimaire.
(2) dont personnel intérimaire.
(3) dont amortissements compris dans les annuités de crédit-bail. La variation des provisions pour risques réels d'exploitation est également déduite du Résultat économique brut.
(4) dont charges financières comprises dans les annuités de crédit-bail.

Source : Centrale des Bilans de la Banque de France.

1. LA PRODUCTION

Pour l'analyste généraliste que nous essayons de devenir, « production » est synonyme du « total des produits d'exploitation », le terme comptable regroupant les « produits » dans le cadre supérieur du compte de résultat.

Qui dit produit d'exploitation dit source d'enrichissement pour l'entreprise. La somme de ces sources d'enrichissement par l'exploitation, vous l'avez sous les yeux : c'est le total (1) de la page 3 de la liasse fiscale. C'est le premier sous-total du compte de résultat du rapport annuel.

LA PRODUCTION STOCKÉE

Si les produits d'exploitation proviennent avant tout des ventes de l'entreprise, on leur ajoute l'augmentation des stocks de produits finis, intitulée « production stockée ». On conçoit bien que, toutes choses étant égales par ailleurs, la société est d'autant plus riche que ses stocks de produits ont plus augmenté, sous réserve des provisions pour dépréciation.

Illustrons de nouveau par un exemple le caractère « produit » de cette production stockée.

Considérons le travail effectué le 30 décembre 88, entre 17 et 18 heures, par les 100 salariés d'un des ateliers d'une usine TEFAL du groupe SEB. A la suite de ce travail, effectué juste avant la clôture des comptes, les stocks de produits finis vont augmenter ; des livraisons pourront être effectuées dès le 2 janvier au matin, juste après le démarrage du nouvel exercice.

Si le coût de revient de l'heure de travail est de 100 francs, on considérera que le stock de produits finis a augmenté, grâce à ce travail de :

100 heures x 100 francs/heure = 10 000 francs = 10 KF

Ne pas prendre en compte ce travail, alors que les salaires correspondants sont passés en charge – et font donc partie des salaires de 1988 – serait une erreur logique. Ce serait de plus une entorse à l'objectif du bilan d'être une « image fidèle » de la situation de l'entreprise.

Produits d'exploitation

cerfa N° 30-2109

Formulaire obligatoire (article 53 A du Code général des impôts).

③ COMPTE DE RÉSULTAT DE L'EXERCICE (En liste)

D.G.I. N° 2052-N 8 (janvier 1988)

Désignation de l'entreprise : SEB S.A.

(Ne pas reporter le montant des centimes)*		Exercice N France 1		Exercice N Exportation 2		Exercice N Total 3	Exercice (N-1) 4
PRODUITS D'EXPLOITATION	Ventes de marchandises*	FA		FB	FC		
	Production vendue biens	FD		FE	FF		
	Production vendue services*	FG	60 118 174	FH	–	FI	60 118 174	60 766 015
	Chiffres d'affaires nets*	FJ	60 118 174	FK	–	FL	60 118 174	60 766 015
	Production stockée*					FM		
	Production immobilisée*					FN		
	Subventions d'exploitation					FO		
	Reprises sur amortissements et provisions, transfert de charges*					FP	143 867	1 494 244
	Autres produits (1)					FQ		
	Total des produits d'exploitation (2) (I)					FR	60 262 041	62 260 259

A contrario, si les stocks de produits finis avaient diminué, ceci traduirait un appauvrissement relatif de l'entreprise. La production stockée serait alors négative et se déduirait du chiffre d'affaires pour donner le total des produits d'exploitation.

LA PRODUCTION IMMOBILISÉE

La production dite immobilisée subit le même type de traitement. Le terme « immobilisée » est à prendre ici au sens comptable d'« **immobilisation** ».

Imaginons encore une équipe technique de SEB qui a passé 500 heures à mettre au point une nouvelle chaîne de fabrication. Certes ces 500 heures ont pu coûter au groupe quelques 50 KF (500 heures x 100 francs/heure = 50 000 francs = 50 KF). Mais l'entreprise est-elle appauvrie de 50 KF ?

Non, puisqu'elle dispose en contrepartie d'une chaîne dont la mise au point a un coût de revient de 50 KF. L'entreprise ne s'est pas enrichie de 50 KF de chiffre d'affaires, mais elle s'est enrichie par la mise au point d'une chaîne qui n'était pas opérationnelle, et qui l'est devenue.

Il convient donc de tenir compte de cette forme d'enrichissement qui n'a pas porté sur le poste « client » de l'actif, mais sur le poste « immobilisations ».

En conclusion, nous pouvons écrire la définition suivante :

Production = chiffre d'affaires
+ production stockée
+ production immobilisée

2. LA MARGE COMMERCIALE

La notion de marge commerciale est très intuitive. Personne n'ignore que la marge, c'est le prix de vente diminué du prix d'achat. Pour l'entreprise qui achète des milliers de produits et vend d'autres milliers de produits, on doit utiliser une autre marge que la marge de l'écolier qui a revendu ses billes.

Le montant des achats n'est plus forcément significatif puisqu'il a pu y avoir augmentation des stocks si l'entreprise a moins vendu qu'elle n'a acheté. Il y a peut-être eu diminution des stocks si l'entreprise a plus vendu qu'elle n'a acheté. Si les achats ne sont pas significatifs, c'est parce qu'ils doivent être ajustés en fonction de la variation des stocks. Ici entre en jeu la « consommation », la charge la plus importante que supportent nos entreprises.

Les matières consommées ont deux provenances possibles :

- soit elles ont été prélevées sur les stocks qui ont de ce fait diminué,
- soit elles sont achetées auprès des fournisseurs.

Voilà pourquoi les quatre premières lignes de charges proposées par les liasses fiscales s'appellent respectivement :

- achats (de marchandises et matières premières),
- variation de stock (de marchandises et matières premières).

Aussi la définition ci-dessous de la « **consommation** » est-elle extrêmement naturelle et intuitive :

consommation matières = achat + variation de stock

sachant que la variation de stock s'exprime par l'équation :

variation de stock = stock final – stock initial

Illustrons les définitions ci-dessus par un exemple, dont les chiffres sont extraits du rapport annuel de ZODIAC :

Stock initial matières et marchandises	99.965
Stock final matières et marchandises	89.859
Variation de stock	(10.106)
Achats de matières et marchandises	506.932
Variation de stock	(10.106)
Consommation de matières	517.038

On appelle **marge commerciale,** ou encore marge brute, la différence entre la production et la consommation :

Marge commerciale = production – consommation matières

Ainsi, dans le cas de ZODIAC, on pourait calculer la marge commerciale par le tableau ci-dessous, relatif à l'exercice 1987.

ZODIAC ; Exercice 87

Production totale	1.278.872
Consommations de matières	517.038
Marge commerciale	761.834

Il est évident que, pour un groupe industriel qui achète des matières premières et les transforme dans ses usines avant de les revendre, la production est la première mesure de l'activité.

Chez SEB et chez ZODIAC, on n'achète pas les matières premières pour les revendre en l'état. La marge commerciale n'est donc qu'un indicateur de seconde importance. C'est sans doute pour cette raison que le calcul de la marge commerciale n'apparaît pas dans le compte de résultat consolidé de ZODIAC, en annexe de ce chapitre.

Par contre, le groupe Carrefour achète des produits SEB dans le seul objectif de les revendre, aussi rapidement que possible.

Compte « Carrefour »

Compte de résultats consolidés

(en millions de francs)

	Notes	1987	1986
Ventes hors taxes		56 503	51 472
Prix de revient des ventes	2	(47 985)	(43 764)
Marge brute commerciale		8 518	7 708
Frais généraux	3	(7 064)	(6 480)
Amortissements et provisions	4	(894)	(764)
Autres produits et charges	5	755	871
Résultat courant avant impôts		1 315	1 335
Impôts sur les bénéfices	6	(433)	(469)
Résultat des sociétés mises en équivalence	7	45	–
Résultat courant		927	866
Intérêts hors Groupe		(166)	(191)
Résultat courant - Part du Groupe		**761**	**675**
Eléments exceptionnels	8	–	(21)
Résultat net - Part du Groupe		**761**	**654**

RÉSULTAT PAR ACTION COMPARABLE(1) (en francs)

	1987	1986 (2)
Résultat courant	**159,85**	**147,21**
Résultat net	159,85	142,85
Nombre d'actions retenues pour le calcul	4 760 596	4 760 137

Pour cette société de distribution, le concept de production n'a que peu de sens, alors que la marge commerciale est de première importance. On pourrait presque dire que la marge commerciale d'une société de distribution est équivalente à la production d'une société industrielle. C'est pour cette raison que Carrefour, dans son rapport annuel dont est extrait le tableau ci-après, mentionne sa marge commerciale, sans faire seulement allusion à une quelconque production.

3. LA VALEUR AJOUTÉE

La valeur ajoutée est un concept issu de la comptabilité nationale. C'est sur la valeur ajoutée qu'est assise la TVA, taxe sur la valeur ajoutée.

La valeur ajoutée mesure l'apport de l'entreprise au monde économique, en retranchant de la production l'ensemble des consommations externes. Dans ces consommations figurent non seulement les consommations de matières premières qui nous avaient permis de calculer la marge commerciale, mais aussi les autres achats effectués à l'extérieur de l'entreprise et regroupés dans le poste comptable « Autres achats et charges externes ». Font partie de ces autres achats les dépenses de loyers, d'électricité, de téléphone, de déplacement, ...

Arithmétiquement, la valeur ajoutée se calcule à partir de l'équation ci-dessous :

Valeur ajoutée = production – consommations

Appliquons cette définition au cas de SEB, holding du groupe, en utilisant les chiffres du compte de résultat figurant en page 52 :

	1987	1986
Total produits	60.262	62.260
Autres achats et charges externes	47.849	39.724
Valeur ajoutée	12.413	22.536

4. L'EXCÉDENT BRUT D'EXPLOITATION

L'excédent brut d'exploitation, dont nous parlerons en citant seulement ses initiales, EBE, s'obtient en retranchant à la valeur ajoutée les impôts et taxes et les frais de personnel. Autrement dit, lorsqu'on est arrivé à l'EBE, toutes les dépenses d'exploitation de l'entreprise ont été couvertes. Mais n'ont pas été encore prises en compte les dépenses financières, fiscales, ou les charges exceptionnelles.

EBE = valeur ajoutée – impôts et taxes – frais de personnel

L'EBE est un chiffre remarquable, au moins à deux points de vue.

D'abord, c'est un résultat d'**exploitation** sur lequel les décisions financières n'ont pas pesé. Il est en effet calculé avant la prise en compte des considérations financières et fiscales qui déterminent les montants des impôts et des amortissements.

Enfin, il traduit un flux financier, c'est-à-dire l'importance des liquidités qui ont été dégagées par l'exploitation. C'est avec ces liquidités que vont être payés de leurs risques banquiers et actionnaires. C'est avec ces liquidités que l'entreprise pourra financer ses nouveaux investissements.

Déterminons l'excédent brut d'exploitation de SEB, holding du groupe, en utilisant les chiffres du compte de résultat figurant en page 52, et les résultats de nos précédents calculs :

	1987	1986
Valeur ajoutée	12.413	22.536
Impôts et taxes	(734)	(702)
Salaires et traitements	(1.140)	(972)
Charges sociales	(314)	(275)
Excédent brut d'exploitation	10.225	20.587

5. LE RÉSULTAT D'EXPLOITATION

Nous avons commenté sa genèse dans le chapitre précédent. Aussi nous contenterons-nous ici de le redéfinir sous forme d'équation, et de rappeler que – comme son nom l'indique – il se calcule avant prise en compte des éléments financiers ou exceptionnels. C'est un résultat d'exploitation. Il se déduit de l'EBE par soustraction des dotations aux amortissements et provisions et des autres charges qui n'auraient pas été prises en compte.

Comme il est lui-même calculé explicitement dans la liasse fiscale, nous pourrons vérifier que nous ne nous sommes pas trompés dans la cascade de déductions à laquelle nous venons de nous livrer.

Résultat d'exploitation = EBE – Dotations – Autres charges

Comme précédemment, nous allons sans attendre, appliquer cette méthodologie au cas « SEB ».

	1987	1986
Excédent brut d'exploitation	10.225	20.587
– dotations aux amortissements	(1.724)	(2.251)
– dotations aux provisions	(317)	(159)
– autres charges	(351)	(288)
Résultat d'exploitation	7.833	17.889

6. LE RÉSULTAT COURANT AVANT IMPÔTS

Nous sommes maintenant parvenus à la fin de l'analyse des dépenses d'exploitation. Nous devons prendre en compte les dépenses financières, ou plutôt leur solde, le résultat financier dont nous avons déjà parlé. Lui aussi a déjà été calculé dans la liasse fiscale où il est affecté du numéro 2.

Le résultat financier se soustrait du résultat d'exploitation pour donner le résultat courant avant impôt, qui est la dernière ligne de la page 3 du compte de résultat de la liasse fiscale

Rés. courant av. impôt = Rés. d'exploitation – Rés. financier

Nous pouvons déterminer le résultat de SEB, avant impôts et éléments exceptionnels, appelé aujourd'hui résultat courant :

	1987	1986
Résultat d'exploitation	7.833	17.889
2 – Résultat financier	67.431	13.327
Résultat courant avant impôts	75.264	31.216

Nous pouvons désormais afficher le tableau des soldes intermédiaires de gestion de SEB SA. Ce tableau, à l'instar du bilan, est composé de grandes masses, et sera le point de départ des analyses du devenir de la société.

Tableau des soldes intermédiaires
SEB SA / Exercices 86 et 87

	1987	1986
Total produits	60.262	62.260
Achats et autres charges externes	47.849	39.724
Valeur ajoutée	12.413	22.536
Impôts et taxes	(734)	(702)
Salaires et traitements	(1.140)	(972)
Charges sociales	(314)	(275)
Excédent brut d'exploitation	10.225	20.587
– dotations aux amortissements	(1.724)	(2.251)
– dotations aux provisions	(317)	(159)
– autres charges	(351)	(288)
Résultat d'exploitation	7.833	17.889
2 – Résultat financier	67.431	13.327
Résultat courant avant impôts	75.264	31.216
3 – Résultat exceptionnel	1.035	(29.047)
– Impôts sur les bénéfices	(5.249)	(1.932)
Résultat net	71.050	237

Annexe : le compte de résultat consolidé du groupe ZODIAC présenté avec les S.I.G.

COMPTE DE RÉSULTAT CONSOLIDÉ
(en milliers de francs)

	31/08/1987	31/08/1986
Produits de l'exercice		
Ventes	1 235 656	1 032 963
Production stockée	11 991	– 16 598
Production immobilisée	10 165	2 951
	1 257 812	1 019 316
Autres produits		
Produits accessoires et subventions d'exploitation	13 836	1 954
Reprise sur provisions	7 224	3 624
	21 060	5 578
Total produits d'exploitation	**1 278 872**	**1 024 894**
Consommation matières		
Achats de marchandises, matières et autres	506 932	384 128
Variation de stocks marchandises, matières et autres	10 106	10 324
	517 038	394 452
Autres charges externes		
Leasing	6 495	5 959
Autres achats et charges externes	188 375	135 874
	194 870	141 833
Total achats et autres	711 908	536 285
Valeur ajoutée	**566 964**	**488 609**
Frais de personnel et charges sociales	375 360	340 416
Impôts et taxes	16 486	15 465
	391 846	355 881
Excédent brut d'exploitation	**175 118**	**132 728**
Dotations aux amortissements - immobilisations corporelles	31 891	23 199
Dotations aux amortissements - immobilisations incorporelles	2 975	918
Dotations aux provisions	6 421	8 239
	41 287	32 356
Résultat d'exploitation	133 831	100 372
Produits financiers		
Produits financiers divers	1 215	5 913
Gains de change	1 625	3 139
Reprise sur provisions	–	88
	2 840	9 140
Charges financières		
Charges d'intérêts	36 244	29 067
Pertes de change	712	1 034
Dotations financières aux provisions	395	298
	37 351	30 399

GROUPE ZODIAC

(suite)

Résultat financier	– 34 511	– 21 259
Résultat courant avant impôt	**99 320**	**79 113**
Produits exceptionnels		
Sur opérations de gestion et en capital	3 563	8 691
Reprise sur provisions	4 685	1 707
	8 248	10 398
Charges exceptionnelles		
Sur opérations de gestion et en capital	10 784	13 077
Dotations exceptionnelles aux provisions pour risques et charges	518	510
	11 302	13 587
Résultat exceptionnel	– 3 054	– 3 189
Différence conversion monétaire	120	638
Participation des salariés	4 362	5 147
Impôt société	38 185	32 130
RÉSULTAT NET TOTAL	**53 599**	**38 009**
RÉSULTAT NET HORS GROUPE	**– 109**	**528**
RÉSULTAT NET PART DU GROUPE	**53 708**	**37 481**

CHAPITRE 6

LE FONCTIONNEMENT DES COMPTES

Nous n'avons pas encore abordé précisément le principe de la **comptabilité en partie double.** Ce principe est entièrement contenu dans l'équation fondamentale qui décrit l'égalité entre l'actif et le passif. Cette égalité, qui est une constatation et non un résultat, peut s'écrire sous plusieurs formes équivalentes :

Actifs = dettes + fonds propres

ou encore

(1) **Fonds propres = actifs – dettes**

Puisque cette égalité compte deux membres, il s'en suit que chaque fois qu'un des membres est modifié par un « **événement** » commercial, industriel ou financier, l'autre membre est modifié en conséquence. Le terme « événement » est à prendre ici dans le sens le plus générique ; un événement peut être, parmi beaucoup d'autres possibilités :

- une vente,
- un prélèvement sur les stocks,
- le règlement d'un fournisseur,
- la mobilisation d'une créance,
- la constatation qu'une pièce de stock est sans valeur.

De plus, chaque fois qu'un événement est sans effet sur l'un des membres de l'équation, il est forcément sans effet sur l'autre.

1. LES AMORTISSEMENTS

La présence (ou plutôt l'apparence de la présence) simultanée d'amortissements au bilan et au compte de résultat peut être une source de confusion pour le néophyte. En réalité, il n'y a pas simultanément d'amortissements sur ces deux états financiers qui sont reliés entre eux par le principe de la baignoire ou, de manière plus noble, par l'équation (1) précitée.

Ainsi l'amortissement a pour objectif de **constater la dépréciation** des immobilisations dans le temps. Le terme amortissement fait d'ailleurs partie du vocabulaire courant. On dit d'une vieille voiture qui a beaucoup roulé qu'elle est « bien amortie ». Si la dite voiture avait été acquise pour 50 KF, et si aujourd'hui elle ne vaut plus que 10 KF, la traduction de cette réalité du langage courant en langage comptable pourra être illustrée dans le tableau ci-après.

Langage COMPTABLE		**Langage COURANT**
Valeur comptable brut	50 KF	Prix d'achat
Amortissements pratiqués	(40) KF	Dévalorisation
Valeur comptable nette	10 KF	Valeur réelle aujourd'hui

LE CARACTÈRE FINANCIER DE L'AMORTISSEMENT

Illustrons le caractère financier de l'amortissement par un exemple pris dans la vie de tous les jours, le véhicule automobile.

Sous le seul effet du temps, les actifs se dévalorisent. La voiture neuve devient, très vite voiture d'occasion. Chacun sait qu'une voiture neuve perd une partie non négligeable de sa valeur dès qu'elle est sortie du garage. Elle est acheté 100 le 1er janvier. Imaginons que quelques heures plus tard, sa valeur vénale ne soit plus que de 80.

Sous l'effet de cette **dévalorisation,** l'entreprise s'appauvrit. Elle est moins riche de 100 – 80 = 20. Donc ses fonds propres diminuent de 20. Cette **diminution** des fonds propres se constate comptablement par une **dotation** aux **amortissements.** Cette dotation est une charge de 20 au niveau du compte de résultat.

Mais cette charge — cette dépense – de 20 est une dépense tout à fait particulière ; contrairement aux autres dépenses, elle ne se traduit par **aucun décaissement.** Si on payait le personnel de 20, il y aurait un **flux** financier de 20. Le montant du compte en banque diminuerait de 20.

Quand on constate un amortissement de 20, on fait un jeu d'écritures ; on ouvre son livre de comptes mais on garde son chéquier au coffre et le compte en banque reste inchangé.

L'amortissement est une charge non décaissée.

C'est pour cette raison que l'excédent brut d'exploitation a été défini avant la prise en compte des dotations aux amortissements. C'est pour cette raison que nous avions pu écrire que l'EBE correspondait à un flux financier. C'est pour cette raison que l'EBE s'appelle « d'exploitation » puisqu'il se calcule avant toutes les charges financières, dont font partie ces dotations.

LE TRAITEMENT COMPTABLE

Il sera basé sur la très fondamentale équation (1)

(1) **Fonds propres = actifs – dettes**

Le membre de gauche de l'équation 1 est diminué de 20. Il faut donc que le membre de droite diminue lui-même de 20.

Les actifs, et plus précisément le poste « immobilisation », vont décroître de 20. Plutôt que de diminuer directement ce poste, la comptabilité recommande de regrouper ces amortissements dans un compte dit

« amortissement sur immobilisation »

On soustraira du montant global des immobilisations, dites brutes, la totalité de ces amortissements ; le résultat de la soustraction donnera le montant des immobilisations que l'on qualifiera alors de nettes.

EXEMPLE DE TRAITEMENT COMPTABLE

Appliquons ceci à SEB sur le bilan au 31/12/87 déjà évoqué. SEB acquiert, le 1er janvier à 9 heures, une flotte de véhicules pour un montant de 100 MF. Son bilan s'en trouvera modifié :

Immobilisations brutes de SEB le 31/12/87 à 24 h 00	1.109
Valeur d'acquisition de la flotte	100
Immobilisations brutes de SEB le 1/1/88 à 9 h 00	1.209

A la minute où les véhicules quittent le garage du concessionnaire, on pourra constater leur dévalorisation, qui se traduira dans le compte de résultat et le bilan de la société par les conséquences décrites dans les tableaux ci-après.

Extrait du compte de résultat du 1/1/88 à 9 heures au 1/1/88 à 9 heures 01	
Dotation aux amortissements sur véhicules	**20,0**

Extrait du bilan au 1/1/88 à 9 h 01	
Immobilisations brutes	1.209,0
Amortissements cumulés au 31/12/87	200,2
Amortissements du 31/12/87 à 24 h au 1/1/88 à 9 h 01	**20,0**
	220,2
Immobilisations nettes le 1/1/88 à 9 h 01	988,8

2. LES PROVISIONS

Revenons maintenant sur les provisions qui ont, à l'instar des amortissements, le mauvais goût de figurer, apparemment du moins, à la fois au bilan et dans le compte de résultat. Elles sont, de plus, présentes des deux côtés du bilan, à l'actif et au passif. A l'actif, elles s'appellent « provisions » et ce mot apparaît juste après le terme « amortissements ». Par contre, au passif, elles sont dénommées « provisions pour risques » ou « provisions pour charges ». De même, au compte de résultat, il y a une ligne pour chacune d'entre elles.

3. LES PROVISIONS POUR DÉPRÉCIATION D'ACTIFS

Commençons par les provisions pour dépréciations d'actifs qui trouvent leur place à l'actif du bilan. Ces provisions sont, aux actifs de « bas de bilan » (participations, stocks, comptes clients...), ce que les amortissements sont aux immobilisations.

Elles ont été *passées* pour prendre en compte la **différence** entre la valeur comptable du poste considéré et sa valeur « réelle ».

Aussi leur fonctionnement est-il identique à celui des amortissements.

Nous allons illustrer ce fonctionnement par un exemple.

Votre société, « C », a vendu 10 KF de marchandises le 1er décembre de l'année « n » à son client, la société DÉBITEUR SA, qui n'a pas payé tout de suite.

« C » a donc une créance sur DÉBITEUR SA de 10 KF. Cette créance fait partie des actifs de « C ». Elle figure bien sûr au bilan, au niveau des comptes clients sous le chapeau duquel sont totalisés tous les montants dus à « C » par ses clients. Très précisément, il y a dans le bilan de « C » un compte client bien particulier, le compte du client DÉBITEUR SA, dont le solde et débiteur de 10 KF.

Imaginons maintenant que, lors de l'établissement du bilan final de « C », le 1er janvier à 9 heures, vous vous interrogiez sur la capacité de DÉBITEUR SA à payer cette dette. On vous a dit que DÉBITEUR SA a été relancé trois fois par courrier et par téléphone. De plus, les difficultés financières de DÉBITEUR SA sont aujourd'hui notoires. Aussi estimez-vous que dans le meilleur des cas, vous n'allez récupérer que 40 % de cette créance.

Lorsque vous arrivez à cette conclusion, il vous faut traduire dans l'équation :

Fonds propres = actifs – dettes

que vous êtes moins riche de 60 % de 10 KF, donc que vous êtes plus pauvre de 6 KF. Le membre de gauche de l'équation est diminué de 6 KF.

Le membre de droite aussi. C'est le compte du client DÉBITEUR SA qu'il faut diminuer de 6 KF.

Comme pour les amortissements, plutôt que de diminuer directement le compte de DÉBITEUR SA, vous allez augmenter le compte de « provisions sur créances – clients » de 6 KF. La somme des comptes clients, parfois appelée « comptes clients brut » sera à rapprocher des « provisions sur comptes clients ».

La différence entre ces deux comptes, parfois appelée « compte client net », représente ce qui sera très probablement encaissé de la part des clients.

La constatation d'insolvabilité potentielle du client DÉBITEUR SA, en vertu de l'équation de définition des fonds propres, pourra se traduire sur les états financiers comme l'indique le tableau ci-après :

Extrait du compte de résultat du 1/1/88 à 9 heures au 1/1/88 à 9 heures 01	
Dotation aux provisions sur actif circulant (Client D)	**6,0**

Extrait du bilan au 1/1/88 à 9 h 01	
Clients	10.000,0
Provisions sur clients autres que DÉBITEUR SA au 31/12/87	100,0
Provisions passées le 1/1/88 à 9 h 00 sur client DÉBITEUR	**6,0**
	106,0
Immobilisations nettes le 1/1/88 à 9 h 01	9.894,0

4. LES PROVISIONS POUR RISQUES ET CHARGES

Ces provisions constatent les risques prévisibles à la clôture de l'exercice, risques qui ne concernent pas des dépréciations exceptionnelles d'actifs. Nous avons précédemment analysé le caractère parfois ambivalent (mi-fonds propres, mi-dettes) de ces provisions. Nous nous proposons maintenant d'étudier leur fonctionnement, en utilisant comme toile de fond les comptes de notre fournisseur préféré d'électro-ménager !

Reprenons donc le cas de SEB et penchons-nous une nouvelle fois sur son bilan de fin 1987. Imaginons que, juste après l'établissement de ce bilan, c'est-à-dire le 1er janvier 88 à 9 heures, on s'aperçoive que telle usine nécessitait une remise en état de manière impérative. Cette impérieuse nécessité a échappé à la perspicacité des services de l'entreprise ; il faudra d'urgence effectuer un montant de travaux de 100 KF.

Quelles seront les conséquences de cette constatation sur le bilan établi à 9 h 05 ? Car, bien sûr, nous n'avons pas oublié que le bilan représentait le membre de droite de l'équation (1) et que le compte de résultat constituait son membre de gauche.

Comme précédemment, l'urgence de cette réparation se placera de part et d'autre du signe « = » de l'équation (1).

(1) **Fonds propres = actifs – dettes**

La diminution des fonds propres, provenant du fait que l'usine est en plus mauvais état qu'on ne l'avait pensé, se traduira dans une ligne du compte de résultat :

Compte de résultat du 1/1/88 de 9 h à 9 h 05	
Dotation aux provisions pour charges	**100**

L'augmentation d'une dette, nous devrions plutôt dire l'apparition d'une future sortie d'argent, figurera au bilan.

Extrait du bilan au 1/1/88 à 9 h 01	
Provisions au 31/12/87 à 24 heures	110.105
Provisions pour réparation usine du 1/1/88 à 9 h 05	**100**
Total des provisions au 1/1/88 à 9 h 05	110.205

5. LA REPRISE DE PROVISION

La provision a été faite pour prendre en compte une charge à venir. Vient le jour où il faut enfin régler cette charge, c'est-à-dire enregistrer la facture correspondante dans le compte de résultat. Allons-nous purement et simplement ajouter une ligne de dépense, entérinant de ce fait un appauvrissement de l'entreprise ?

Certes non. La provision a déjà été faite pour constater cet appauvrissement. Il convient surtout de ne pas passer une deuxième fois en dépense ce qui a déjà été « dépensé » lorsque la provision a été prise.

Aussi la prise en compte de la dépense doit-elle s'accompagner d'une reprise de la provision. Cette reprise de provision sera classée en produit d'exploitation, au même titre que les ventes, la production immobilisée ou la production stockée.

Imaginons que la remise en état, que nous avions envisagée précédemment puisse se faire par enchantement le 1/1/88 entre 9 h 05 et 9 h 10 et que, l'enchantement persistant, la facture correspondante soit à enregistrer dès 9 heures 10.

Quelles vont être les impacts de cette réparation et de cette facture :

- sur le bilan à 9 h 10 (deuxième membre de l'équation (1)) ?
- sur le compte de résultat de 9 h 05 à 9 h 10 (premier membre de l'équation (1)) ?

Pour le savoir, consultons donc le tableau ci-après.

Compte de résultat du 1/1/88 de 9 h 05 à 9 h 10	
Produit	
Reprise sur provision pour charges	**100**
Charge	
Dépense de remise en état usine	100
Résultat (variation des fonds propres)	0

Extrait du bilan au 1/1/88 à 9 h 10	
Provisions au 1/1/88 à 9 h 05	110.205
Reprise sur réparation provisionnée à 9 h 05	**(100)**
Total des provisions au 1/1/88 à 9 h 10	110.105

Il n'est pas étonnant que le résultat global de cette opération soit nul puisque l'objectif même du « provisionnement » était de faire apparaître la dépense – donc l'appauvrissement de l'entreprise –, avant même qu'elle ne se matérialise par une facture à payer.

La reprise de la provision vient annuler la dépense introduite dans le compte de résultat par l'enregistrement de la dite facture.

CHAPITRE 7

LE BILAN FINANCIER

Nous avons déjà fait une première analyse, grossière si l'on peut dire, en dressant le bilan par grandes masses. Ce premier regard nous a fait entrevoir la silhouette de cette personne morale qu'est l'entreprise. Nous allons maintenant procéder à une analyse plus approfondie et ne plus nous contenter des seules grandes lignes.

Certes, ces grandes lignes subsisteront dans notre mémoire, mais nous allons détailler notre analyse et même tenter de deviner la réalité sous l'habillage. Le terme habillage ne doit pas être pris ici de manière négative. Si « habillage » est le terme consacré, en analyse financière, à quelques opérations faites en cours ou en fin d'exercice afin de présenter le bilan sous un meilleur jour, on peut bien sûr habiller un bilan en tout bien tout honneur.

Nous allons constituer, à partir du bilan comptable, ce qu'il est convenu d'appeler « bilan financier ». Ce bilan porte le qualificatif de **financier** pour bien le distinguer de celui établi dans le **strict** respect des **normes** comptables et appelé « bilan ».

Comme si ce « bilan » était unique ! Comme s'il constituait la seule approche possible de l'entreprise, alors qu'il n'en constitue qu'une approche comptable !

Pour atteindre notre objectif, nous utiliserons les informations comptables ; mais aussi des informations extra-comptables, chaque fois que nous en aurons la possibilité.

Notamment tous les éléments figurant en « annexe » des bilans, ou dans l'annexe publiée dans le rapport annuel en aval des comptes.

Mais il nous faudra parfois aussi recourir à des sources complètement externes à la société. Il conviendra notamment de consulter :

– des cabinets immobiliers si les immobilisations comportent une part importante d'actifs immobiliers, dont la valeur vénale peut être très éloignée de la valeur comptable ;

– la presse spécialisée (du *WALL STREET JOURNAL* aux *ECHOS* en passant par *TERTIEL* et le *FINANCIAL TIMES*) pour connaître et éventuellement évaluer les options stratégiques qui ont pu être prises ;

– le registre des protêts du tribunal de commerce local pour vérifier si l'entreprise a fait face à tous ses engagements, notamment fiscaux ;

– les principaux clients pour connaître la qualité de leur relation avec l'entreprise ;

Muni de toutes ces informations (nous devrions dire de ces seules informations), l'analyste va pouvoir se livrer aux retraitements, opérations qui consistent à remplacer une valeur comptable de bilan ou de compte de résultat par une valeur plus financière. Chaque retraitement sera un pas supplémentaire vers la clarté financière. Mais un seul pas, bien modeste, qui ne saurait en aucun cas nous faire parvenir à la réalité complexe et insaisissable, résultant d'une infinité de paramètres.

Une fois les comptes « retraités », l'analyste les classera dans une des catégories du tableau ci-après, proposé par Michel ALBOUY, l'un des grands théoriciens français de la finance, dans la revue *BANQUE*. Ce tableau constitue l'architecture autour de laquelle s'articule le bilan financier.

La forme de ce bilan financier nous permettra de calculer les principaux paramètres de l'équilibre financier de l'entreprise : fonds de roulement, besoin de fonds de roulement, structure capitalistique.

Actif immobilisé
Immobilisations incorporelles
Immobilisations corporelles
Immobilisations financières

Actifs circulants
Stocks (matières et encours)
Comptes clients (dont escompte)
Créances hors exploitation
Liquidités

Capitaux permanents
Fonds propres corrigés
Dettes à long et moyen terme

Passif circulant
Dettes d'exploitation
Dettes hors exploitation
Dettes financières à court terme

1. LES POSTES DU BILAN FINANCIER

Définissons, et illustrons par des exemples d'appartenance, quelques « postes » de bilan sur lesquels nous ne nous sommes pas encore étendus.

IMMOBILISATIONS INCORPORELLES

Ce sont les investissements faits par l'entreprise qui ne sont pas physiquement matérialisables. En font notamment partie les brevets d'invention, les frais de recherche (dans l'industrie pharmaceutique, électronique...), les noms déposés (sur lesquels on fait des investissements publicitaires importants *(Perrier, Diom, Orangina, Dior...)*.

IMMOBILISATIONS CORPORELLES

L'ensemble des investissements physiques, matériellement visibles et constatables ; c'est dans ce tiroir qu'on classera les usines, le mobilier, les équipements, les véhicules, les ordinateurs...

IMMOBILISATIONS FINANCIÈRES

C'est sous ce terme que seront regroupés toutes les sommes « immobilisées », c'est-à-dire placées pour « longtemps » (en pratique plus d'un an) que ce soit en actions de filiales, en prêts consentis dans le groupe ou à des sociétés tierces.

Les sociétés financières, notamment les holdings, auront d'importantes immobilisations financières, alors que les sociétés industrielles auront d'importantes immobilisations corporelles.

STOCKS ET COMPTES CLIENTS

Ces actifs circulants sont dits d'exploitation. Ce sont les actifs qui rendent possible l'exploitation.

Comment fabriquer sans un minimum de pièces détachées qui sont comptabilisées en stock de matières premières ?

Comment fabriquer instantanément sans passer par le stade de produits semi-finis qualifiés « d'en-cours » ?

Comment vendre sans accorder de crédit à ses clients, comme le veut la coutume dans nos pays où l'offre de produits est supérieure à la demande ? Les crédits correspondant aux ventes non encaissées sont rassemblés dans le compte « clients ».

Stocks et clients constituent les actifs circulants d'exploitation. Ils varient avec la saisonnalité de l'activité de l'entreprise. Leurs montants évoluent parallèlement à ce que les financiers appellent le cycle d'exploitation.

CRÉANCES HORS EXPLOITATION

Ce sont les créances qui ne relèvent pas directement de l'exploitation : par exemple les avances faites au personnel, les cautions déposées lors d'une location de courte durée...

LIQUIDITÉS

Sous ce terme sont regroupées bien sûr les « disponibilités » figurant au bilan, c'est-à-dire l'ensemble des soldes créditeurs des comptes en banque et les sommes dormant dans les caisses de l'entreprise. Mais on classera sous ce chapeau tous les placements à court terme faits par l'entreprise.

Lorsque ces liquidités sont importantes, on parle parfois de « Trésor de Guerre ». Lorsque les titres BOUYGUES et TF1 ont été attaqués en automne 88, la presse économique a mis à la une les « dix milliards » de Robert MAXWELL et le « milliard » de Bernard TAPIE. Ces liquidités, potentielles et bilantielles, que les protagonistes brandissaient, ne pouvaient en aucun cas être considérées comme des actifs d'exploitation.

Par contre, lorsque le volume de liquidité est raisonnable, il est coutume de considérer ces disponibilités, au même titre que les stocks ou les clients, comme un actif d'exploitation. En effet, pour que l'entreprise puisse tourner harmonieusement, il faut un volume de liquidité minimum, pour assurer l'échéance du 10, celle du 25, et la paie à la fin du mois.

Ce minimum dépend de la taille et du train de vie de l'entreprise. Il n'est pas identique pour IBM et pour PRONUPTIA pour les mêmes raisons que John ROCKEFELLER ne saurait se contenter de l'argent de poche de Monsieur DUPONT (sauf s'il est de NEMOURS).

Mais ce minimum varie aussi avec la saisonnalité de l'exploitation : en forte saison, on aura besoin d'un « fond de caisse » plus important qu'en morte saison.

FONDS PROPRES CORRIGÉS

Ce sont les fonds propres apparaissant aux bilans, mais « corrigés » pour prendre en compte des réalités financières ignorées par la comptabilité.

DETTES A LONG ET MOYEN TERME

Elles sont composées des dettes financières (celles qui ont été contractées auprès de la communauté financière : banques, établissements de crédit) et des dettes ou engagements envers les tiers, la vie, le monde.

DETTES D'EXPLOITATION

Ce sont les dettes qui sont directement liées au cycle d'exploitation. Ces dettes se renouvellent en permanence en suivant le volume d'activité. Elles épousent parfaitement la saisonnalité des ventes de l'entreprise.

Ainsi, les crédits accordés par les fournisseurs sont l'exemple même de la dette d'exploitation. Car cette dette « roule » de commande en commande. Les dettes « fiscales et sociales », qui regroupent les sommes dues au fisc au titre de la TVA et aux organismes sociaux (URSSAF, ASSEDIC, caisses de retraite), se renouvellent chaque mois ou chaque trimestre. Plus l'entreprise a fait de chiffre d'affaires dans sa pleine saison, plus ces dettes sont – momentanément – importantes. Puis, quand vient la morte saison, le chiffre d'affaires décroît et avec lui les dettes d'exploitation.

DETTES HORS EXPLOITATION

On regroupe dans ce poste l'ensemble des dettes qui ne sont pas liées au cycle d'exploitation mais qui ne sont pas non plus des dettes envers la communauté financière. En feront notamment partie les dividendes à distribuer, les dettes envers les fournisseurs d'immobilisations, l'impôt sur les sociétés qui sera versé au cours de l'exercice.

2. LES RETRAITEMENTS

Le premier des redressements va porter sur les non-valeurs, ces postes qui ont été introduits en vue de maintenir l'équilibre du bilan. Nous nous sommes déjà étendus sur ces non-valeurs dans le chapitre 3.Dans la mesure où elles ne sont pas susceptibles de générer de profit, ni d'être cédées contre des espèces sonnantes et trébuchantes, elles n'ont pas de valeur financière. On les éliminera donc complètement du bilan financier, en diminuant d'une valeur correspondante le montant des fonds propres.

L'AFFECTATION DU RÉSULTAT

Si l'entreprise se bat pour faire un profit, ce profit n'est pas seulement destiné à figurer au bilan et en dernière ligne du compte de résultat, où il fait d'ailleurs excellent effet. Ce profit est destiné a être affecté et il aura concrètement deux destinations :

- l'entreprise en conservera une partie,
- le reste sera distribué aux actionnaires

La partie du profit non distribué passera comptablement en réserves. Mais fi de la comptabilité : pour nous, financiers, cette partie restera dans les fonds propres de l'entreprise, donc en haut du bilan.

Quant à la partie distribuée, elle portera plusieurs noms : dividendes, résultats distribués, bénéfices distribués, et bien d'autres encore. Quel qu'en soit le nom, cette partie distribuée sera un élément à « redescendre » en bas de bilan dans le poste « dettes hors exploitation » : en effet, cet argent quittera très prochainement les comptes de la société pour les poches des actionnaires.

Voilà pourquoi on parle de bilan « **avant affectation** » des résultats, ou de bilan « **après affectation** » des résultats. Les bilans que vous analyserez seront le plus souvent établis avant affectation des résultats. On porte en général, en haut du passif, une mention précisant que le résultat n'a pas été affecté. Vous pouvez constater la présence de cette mention sur le bilan de SEB SA.

Puisque l'affectation du résultat n'a pas été portée au bilan, vous allez devoir retraiter le résultat en fonction des dividendes à distribuer.

A cette fin, vous consulterez soit les annexes de la liasse fiscale, soit le paragraphe « rapport du conseil d'administration » du rapport annuel, dans lequel le PDG de l'entreprise propose à l'assemblée une certaine affectation du résultat. C'est parce que la décision finale d'affectation n'a pas encore été prise que le rapport annuel nous donne un résultat avant affectation. Le PDG propose ; les actionnaires disposent par un vote ; l'analyste retraite en fonction des résultats du vote.

Extrait du rapport du conseil d'administration de SEB SA (paragraphe relatif aux dividendes)

2 - DIVIDENDES

Votre Conseil vous propose de fixer le montant du dividende net par action à 22 francs, assorti d'un avoir fiscal de 11 francs.
Ce dividende sera représenté par le coupon n° 15.
Nous vous demandons, comme en 1987 où cette possibilité a reçu un accueil très favorable, de permettre à chaque actionnaire de percevoir son dividende, soit en espèces, soit en actions, étant précisé que chaque actionnaire pourra exercer son option sur tout ou partie du dividende lui revenant. Le prix d'émission des actions nouvelles sera égal à 90 % – et non plus 95 % comme en 1987 –, de la moyenne des cours cotes sur le marché officiel lors des vingt séances de Bourse précédant la date de l'Assemblée Générale Ordinaire, arrondi au franc supérieur.

En règle générale, le vote sera conforme aux vœux du Président. Mais il est des cas litigieux où rien n'est gagné d'avance. On peut imaginer, en ce début d'année 89, après la bataille boursière de l'automne 88, que l'Assemblée des actionnaires de la SOCIÉTÉ GÉNÉRALE sera « sportive » et que les propositions de dividendes formulées par le Président pourront faire l'objet de débats animés.

Le résultat du retraitement apparaît dans les équations ci-dessous :

Fonds propres après affectation =
fonds propres avant affectation – dividendes à distribuer

Dettes à court terme après affectation =
dettes à court terme avant affectation
+ dividendes à distribuer

Retraitons donc le résultat de SEB en utilisant les données des tableaux ci-contre extraits du rapport annuel.

Dividende proposé / action	22	(en francs)
Nombre d'actions émises	2.607,61	(en milliers d'actions)
Montant des dividendes	57.367	(en KF)
Résultat avant répartition	71.049	(en KF)
Moins profits distribués	(57.367)	(en KF)
Profit passé en réserves	13.682	(en KF)

LE RETRAITEMENT DES PROVISIONS

Le terme de provisions faisant désormais partie de notre vocabulaire, nous allons retracer un tableau rapide de chacune d'entre elles et du retraitement dont elles peuvent faire l'objet, lors de l'établissement du bilan financier.

LES PROVISIONS POUR DÉPRÉCIATION D'ACTIFS

Ces provisions portent principalement sur les stocks et sur les clients. Nous avons analysé leur mécanique dans le chapitre 6 et avons constaté qu'elles ont été soustraites des actifs sur lesquelles elles portaient. Ouf ! Il n'y aura pas de retraitement à effectuer.

LES PROVISIONS POUR RISQUES ET CHARGES

Reprenons les termes qu'utilise le plan comptable général pour les définir.

Ces provisions sont destinées à couvrir les risques et les charges que les événements, survenus ou en cours, rendent probables, nettement précisés quant à leur objet, mais dont la réalisation est incertaine.

Nous avions déjà cité le caractère hybride de ces provisions. Sont-elles des dettes ? Sont-elles des fonds propres ?

Elles ne représentent pas des engagements, au sens juridique du terme. Mais elles représentent des engagements « de fait », et doivent en conséquence figurer au passif du bilan, sous l'étiquette « dette ».

On peut aussi se ranger à l'avis très raisonnable de B. SOLNIK, un maître à penser de la finance française, et considérer que si, d'année en année, on constate un volant régulier de provisions au bilan de l'entreprise, ces provisions constituent une ressource permanente pour l'entreprise et peuvent être assimilées à des fonds propres.

LES PROVISIONS RÈGLEMENTÉES

Ces provisions, qui apparaissent en haut du bilan, sont inscrites dans les fonds propres de l'entreprise. Elles ont été constituées en vertu de textes fiscaux particuliers, comme la provision pour hausse des prix et la provision pour investissement. Elles correspondent à des « cadeaux temporaires « du fisc aux sociétés, et non pas à des « charges incertaines ».

Le provisionnement permet à la société de diminuer son résultat fiscal, donc de diminuer son impôt. Il faudra, hélas, « reprendre », c'est-à-dire supprimer, la provision quelques années plus tard. Ce faisant, on augmentera son résultat imposable... donc son impôt.

Grâce à ces provisions règlementées, l'entreprise aura repoussé une partie de son impôt dans le temps, et obtenu, de la part du fisc, un crédit « gratuit » sur cette partie d'impôt.

Ce qui a été prêté n'a pas été donné. L'impôt qu'il faudra payer est une charge parfaitement certaine, et parfaitement connue. Cette part d'impôt, il faut donc la sortir des fonds propres et la passer en dette.

Exerçons-nous sans tarder sur le bilan de SEB SA. Nous pouvons y lire :

Provisions règlementées 381,8 KF

Ces provisions seront reprises, morceaux par morceaux en fonction des textes en vigueur, et elles génèreront des impôts de 42 % de chacun des morceaux. Il faudra donc verser au fisc, morceau par morceau 42 % de 381,8 KF soit quelques 160 KF. Les fonds propres vont diminuer de ces 160 KF, qui sont donc à passer en dettes à moyen terme.

LES FONDS PROPRES CORRIGÉS

Nous venons d'apporter moult amendements aux fonds propres figurant au bilan, à la suite desquels nous obtenons les fonds propres dits « corrigés ».

Nous pouvons les définir à partir de l'équation suivante :

Fonds propres corrigés =

- **+ fonds propres figurant au bilan avant affectation**
- **– non-valeurs**
- **– partie du résultat à distribuer en dividendes**
- **+ partie stable des provisions pour risques et charges**
- **– impôts payables ultérieurement sur reprise de provisions règlementées.**

Appliquons cette définition en déterminant les fonds propres corrigés de SEB SA.

	en milliers de francs
Fonds propres au bilan	714.686
– Dividendes	(57.367)
– Non-valeurs	(65)
+ Provisions stables	100.900
– Impôts sur prov. règlementées	(160)
Fonds propres corrigés	**757.993**

3. LES ÉLÉMENTS HORS-BILAN

Nous nous sommes jusqu'à présent cantonnés aux éléments du bilan comptable, sans nous préoccuper de données que la comptabilité n'a pas jugé utile de faire figurer dans le bilan. Ces éléments sont dits « hors bilan ». Le généraliste que nous voulons être s'attardera à deux familles d'éléments hors bilan :

– les effets escomptés et non échus,

– les leasing.

LES EFFETS ESCOMPTÉS

L'escompte est un moyen de financement historique. Rappelez-vous vos cours d'histoire du secondaire et la douloureuse épopée du banquier John Law. Et à quelle fin les « agioteurs » louaient-ils le dos des bossus de la rue Quincampoix ?

A l'escompte de leurs effets.

Ces effets représentaient des créances figurant au compte clients de leur bilan. Mais revenons à 1989 et parlons au présent plutôt qu'à l'imparfait. Lorsqu'il escompte ses effets, le businessman les « vend » contre des liquidités. Les sommes escomptées sont sorties du compte clients pour entrer dans les comptes liquidités. Elles ne sont plus au bilan.

Cependant, elles pourraient y figurer, car l'escompte n'est pas une cession de créance, contrairement au « factoring ». Si le client dont nous avons escompté un effet ne paie pas, le porteur de l'effet se retournera contre nous. Nous sommes donc engagés, jusqu'au paiement de la créance.

L'escompte n'est pas une cession de créance. C'est une avance, garantie par la créance. Donc, quand nous escomptons un effet de 100, nous contractons en réalité un prêt de 100. Il faut donc corriger le bilan financier en ajoutant :

– au passif le montant du prêt contracté contre cet effet, dans le poste « dettes financières à court terme ».

– à l'actif le montant de cette créance, non encore échue, dans le poste « client ».

A l'échéance de la créance, le client paiera les 100 qu'il nous devait et ce versement éteindra notre dette.

Le traitement comptable de l'escompte a donc tendance à donner une fausse image du compte client en le diminuant artificiellement de la partie qui a été escomptée. De manière très symétrique, puisque le bilan est équilibré, ce traitement sous-évalue également le montant des financements à court terme. Le retraitement, en rétablissant ces effets de part et d'autre du bilan, nous fait faire un pas vers la vérité financière.

De manière pratique, c'est « hors » bilan qu'on trouvera les montants escomptés. Ils seront,

– soit au « pied du bilan »,

– soit dans les annexes de la liasse fiscale,

– soit encore dans les notes de renvoi du rapport annuel.

Ainsi, le bilan consolidé de SEB nous renvoie à la note numéro 10, dont vous pouvez lire le commentaire ci-après :

	1987	1986
Créances clients (y compris effets escomptés non échus)	1 172 641	1 129 991
Provisions pour créances douteuses	(28 460)	(18 338)
	1 144 181	1 111 653

Les montants du compte clients, effets escomptés inclus, est égal au montant figurant au bilan. Le retraitement ne sera pas nécessaire dans le cas de SEB, car

- soit il a été déjà effectué,
- soit il n'a pas lieu de l'être, le groupe n'ayant pas recours à ce mode de financement.

LE LEASING OU CRÉDIT-BAIL

Acquérir un bien en leasing équivaut à le faire acheter par une tierce personne, communément appelée « bailleur » (un établissement financier la plupart du temps), et à le lui louer pendant la durée de vie de ce bien.

En anglais, le terme leasing est appliqué sans distinction à la location d'une usine comme à celle d'un appartement. Sa traduction française, crédit-bail, exprime bien sa **dualité**. Dans crédit-bail, il y a bien le mot « crédit » qui trahit la vraie nature de ce faux « bail ».

Le leasing est en fait un achat déguisé. Déguisé d'une part puisque le propriétaire du bien loué n'en est pas, et n'en sera jamais, l'utilisateur. Déguisé d'autre part, puisque le locataire du bien, dénommé dans le contrat de leasing « preneur » utilise exactement le bien comme s'il en était propriétaire et se comporte en tant que tel.

Mais c'est aussi un mode de financement.

Le preneur n'a pas acheté l'équipement, qui ne figure donc pas dans les actifs de son bilan comptable.

Il ne l'a pas acheté. Il n'a pas à le payer. Il n'a pas contracté de dette pour l'acquérir.

Mais il le loue et paye son loyer, sur une base trimestrielle, par exemple. Y-a-t-il une grosse différence entre un versement de loyers et un remboursement d'emprunt par échéances régulières ? Si la différence au niveau comptable est très nette, financièrement elle l'est beaucoup moins.

Certes, le chèque de location va arriver à une agence de la filiale de leasing de la banque B – la société B-Bail – alors que s'il y avait eu achat et empurnt, le même chèque serait arrivé à un guichet de la banque B.

Aussi, pour l'établissement du bilan financier, nous appellerons un chat un chat et un leasing un engagement, donc une dette. Nous ajouterons aux actifs purement comptables les biens financés en leasing ; et aux dettes purement comptables les engagements de leasing correspondant aux équipements que nous avons mis à l'actif.

Comme pour l'escompte, c'est dans les annexes que nous trouverons les engagements de crédit-bail.

Appliquons-nous à dresser le bilan financier de SEB SA en utilisant les considérations du chapitre 3 et en effectuant les retraitements précités.

Bilan financier de SEB SA au 31/12/87
en millions de francs

Actif immobilisé

Immobilisations incorporelles	5,4
Immobilisations corporelles	8,6
Immobilisations acquises en leasing	0,0
Immobilisations financières	877,8
Actif immobilisé	908,8

Actifs circulants

Stocks (matière et en cours)	0,0
Comptes clients (dont escompte)	204,5
Créances nors exploitation	45,2
Liquidités	92,7
Actifs circulants	342,4
Actif total	1.251,2

Fonds propres corrigés

Fonds propres au bilan	714,7
– Dividendes	(57,4)
– Non-valeurs	(0,07)
+ Provisions stables	100,9
– Impôts sur prov. règlementées	(0,16)
Fonds propres corrigés	758,0

Dettes à long et moyen terme

Dettes financières	30,0
Provisions à caractère de dettes	25,0
Impôts futurs sur reprise de provision	0,16
Biens acquis en leasing	0,0
Dettes à long et moyen terme	55,2

Dettes d'exploitation

Fournisseurs	1,4
Dettes fiscales et sociales	2,6
Avances et acomptes reçus	0,0
Dettes d'exploitation	4,0

Dettes hors exploitation

Impôts sur les sociétés	-5,2
Dividendes de l'exercice 87	57,4
Comptes courants d'associés	0,0
Dettes hors exploitation	62,6

Dettes financières à court terme

Dettes court terme au bilan	371,4
Escompte	0,0
Dettes financières à court terme	371,4

Exercice

Vous avez ci-dessous des éléments du bilan de la Société Ricaud-Pernard, un fabricant peu connu de boissons anisées.

Malheureusement, ces éléments vous sont arrivés dans le désordre, car votre informaticien (encore lui !) a classé les comptes par ordre croissant de montant au lieu de les classer par numéro de compte. Et de plus, il manque le chiffre (essentiel) du montant du capital social.

Enfin, ci-après, vous avez un extrait des annexes au bilan de la société.

Notes 6-7-8-9 du rapport Ricaud-Pernard

6) PROVISIONS POUR RISQUES ET CHARGES

(en millions de francs)

	1986	1985
Provisions pour indemnités de départ à la retraite	119	99
Charges sociales sur Congés Payés	—	37
Provisions pour risques divers	80	110
Total	**199**	**246**

En 1986, les charges sociales sur Congés Payés ont été reclassées en Dettes d'exploitation.

7) IMPÔT SUR LES BÉNÉFICES

(en millions de francs)

	1986	1985
Impôts courants	(541)	(389)
Impôts différés	20	(20)
Total	**(521)**	**(409)**

Les impôts différés au bilan se décomposent de la façon suivante (en millions de francs) :

	1986	1985
Impôt différé actif (1)	104	124
Impôt différé passif (2)	(192)	(232)
Impôt différé net au bilan	**(88)**	**(108)**

(1) Correspond essentiellement à des provisions non déductibles l'année de leur comptabilisation.

(2) Correspond essentiellement à des provisions et amortissements qui seront réintégrés ultérieurement au bénéfice fiscal.

8) DETTES FINANCIÈRES

La répartition des dettes financières par date d'exigibilité est la suivante :

(en millions de francs)

	1986	1985
Court terme (moins de 1 an)	1 035	1 058
Moyen terme (de 1 an à 5 ans)	225	300
Long terme (plus de 5 ans)	75	84
Total	**1 335**	**1 442**

9) ENGAGEMENTS FINANCIERS

(en millions de francs)

	1986	1985
Engagements donnés		
Crédit-bail	39	50
Cautions données aux banques	108	149
Engagements d'achat aux fournisseurs	254	121

A vous d'établir le bilan financier de la société.

Monsieur le Directeur,

Veuillez trouver ci-joint les comptes de Ricaud-Pernard. Veuillez pardonner au buffer de l'imprimante d'avoir « bouffé » le dernier chiffre. Je sais d'autre part que la société distribue cette année 300 KF de dividendes.

Votre informaticien dévoué.

Comptes	Montants
Frais d'établissement net	27
Autres créances d'exploitation	65
Dettes diverses	76
Comptes courants associés	88
Prêt à filiale anglaise	100
Provisions pour risque	199
Terrains	200
Emballages consignés	303
Participation soc. d'embouteillage	304
Bons du Trésor	318
Provisions réglementées	514
Résultat net	516
Compte créditeur Midland Bank	523
Fonds de commerce	539
Installations techniques	594
Dettes fiscales et sociales	800
Matériels et outillages	1 000
Dettes financières	1 335
Fournisseurs	2 000
Stocks	2 453
Clients	2 800
Capital social et réserves	?

Solution de l'exercice
Bilan financier de la société Ricaud-Pernard

Tentons d'abord de rétablir le bilan comptable. A cette fin, reclassons ensemble les éléments comptables d'actif et de passif.

Frais d'établissement net	27
Fonds de commerce	539
Terrains	200
Installations techniques	594
Matériels et outillages	1 000
Participation soc. d'embouteillage	304
Stocks	2 453
Clients	2 800
Autres créances d'exploitation	65
Prêt à filiale anglaise	100
Bons du Trésor	318
Compte créditeur Midland Bank	523
	8 923

La somme des éléments comptables d'actif est égale à 8 923. Ce total doit être lui-même égal à la somme des éléments du passif comptable. Or si nous additionnons le passif qui nous a été donné, nous obtenons un total de 5 831. C'est donc que la pièce manquante du puzzle est égale à :

8 923 – 5 831

Le capital social et les réserves sont donc de 3 092.

comptes	montants
Capital social et réserves	?
Résultat net	516
Provisions réglementées	514
Provisions pour risque	199
Fournisseurs	2 000
Dettes fiscales et sociales	800
Dettes diverses	76
Dettes financières	1 335
Comptes courants associés	88
Emballages consignés	303
	5 831

Société RICAUD-PERNARD

Actif au 31/12/86 en milliers de francs.

Immobilisations incorporelles	
Frais d'établissement net	—
Fonds de commerce	539
Immobilisations corporelles	
Terrains	200
Installations techniques	594
Matériels et outillages	1 000
Biens acquis en leasing (note 8)	39
Immobilisations corporelles	1 833
Immobilisations financières	
Participation soc. embouteillage	304
Prêt à filiale anglaise	100
Immobilisations financières	404
Créances d'exploitation	
Stocks	2 453
Clients	2 800
Autres créances d'exploitation	65
Créances d'exploitation	5 318
Liquidités	
Bons du Trésor	318
Compte créditeur Midland Bank	523
	841

Société RICAUD-PERNARD

Passif au 31/12/86 en milliers de francs.

Fonds propres corrigés

Capital social et réserves	3 092
– Frais d'établissement net	(27)
Résultat net	516
– Dividendes à distribuer	(200)
Provisions réglementées	514
– Impôts sur reprise de provision	(216)
+ Partie stable des provisions	80
Fonds propres corrigés	3 759

Dettes à long et moyen terme

Dettes fin. + 5 ans (Note 8)	1 035
Dettes fin. à moyen terme (Note 8)	225
Biens acquis en leasing (Note 9)	39
Provisions pour risque (Note 6)	199
– Partie stable des provisions	(80)
+ Impôts sur reprise de provision	216
	1 634

Dettes d'exploitation

Fournisseurs	2000
Emballages consignés	303
Dettes fiscales et sociales	800
– Impôts sur bénéfice (Note 7)	(521)
	2582

Dettes HORS exploitation

Impôts sur bénéfice (Note 7)	521
Dividendes à distribuer	200
Comptes courants associés	88
	809

Dettes financières à court terme

Autres dettes	76
Dettes financières (cf. tab. 8)	75
	151

539	3759
1833	1634
404	2582
5318	809
841	151
8935	8935

CHAPITRE 8

L'ÉQUILIBRE DU BILAN

1. RENTABILITÉ ET SOLVABILITÉ

Le tableau des soldes intermédiaires de gestion nous a conduit du chiffre d'affaires au résultat, par une cascade de soldes intermédiaires dont nous avons reconnu le bien fondé. Le résultat qu'il nous délivre, la « bottom line » des américains, est une notion fondamentale puisqu'elle est à la base des distributions de dividendes, comme elle sert de fondement aux évaluations boursières.

Le profit du bilan traduit l'enrichissement tel qu'il est **mesuré par le fisc.** Ce résultat est sensible à toutes les manipulations qui avaient pour objectif de diminuer l'impôt sur les sociétés, dans le cadre légal bien entendu. On peut jouer sur les amortissements, passer un maximum de provisions, réglementées ou non (pour des charges incertaines) afin de diminuer son résultat imposable.

Aussi, si le plan comptable est l'œuvre de la profession comptable, c'est quand même la DGI (Direction Générale des Impôts) qui l'a parrainé : la pratique comptable française est hélas plus préoccupée de son **orthodoxie fiscale** que de sa **logique financière.**

Nous venons de remettre en cause le caractère économique du résultat net. En effet, il ne faut pas confondre **rentabilité** et **liquidité.** Et d'ailleurs, à la fin des années 70, nous avons pu voir des centaines d'entreprises parfaitement bénéficiaires, donc apparemment rentables, déposer leur bilan parce qu'elles n'étaient pas solvables.

Ce paradoxe vient du fait que le bénéfice mesuré par la comptabilité n'est qu'un des aspects de la rentabilité de l'entreprise. C'est pour cette raison, entre autres, que lorsque les chefs d'entreprise sont interviewés dans les journaux économiques, à la radio ou à la télévision, ils sont parfois plus discrets sur leurs résultats que sur leurs investissements rendus possibles par ce qu'ils désignent sous le nom de ***cash-flow.*** Ce terme barbare, qui ne figure même pas dans le petit Larousse, recouvre pourtant une notion financière fondamentale.

Littéralement **flux** *(flow)* de **liquidités** *(cash)*, le cash-flow mesure de combien les disponibilités de l'entreprise ont augmenté pendant l'exercice. S'il y avait en caisse X au début de l'année, et s'il y a Y à la fin de l'année, il n'est pas nécessaire d'être grand clerc ou expert-comptable pour déterminer que le cash-flow a été de Y – X. Il n'y a aucune manipulation qui puisse altérer cette vérité première.

Aussi, bien que la prépondérance du résultat net soit entérinée par son apparition « de visu » sur la deuxième page du bilan, les grosses entreprises, tenues au « système développé », établissent un tableau de flux financiers, dénommé tableau de financement.

Vous avez ci-contre, à titre d'exemple, un modèle de tableau de financement proposé par le LAMY FISCALO-COMPTABLE, l'une des bibles du monde de la gestion.

Nous n'allons certes pas mener notre analyse à ce niveau de détail, mais nous allons, en bon « généraliste », définir et calculer les composantes principales des flux financiers.

Tableau de financement de l'exercice N
(par le haut du bilan)

	Emplois (stables)	Exercice N	Exercice N - 1	Ressources (durables)	Exercice N	Exercice N - 1
Autofinancement de l'exercice	Distributions mises en paiement au cours de l'exercice			Capacité d'autofinancement de l'exercice		
Variations de l'actif immobilisé	Acquisitions d'éléments de l'actif immobilisé : Immobilisations incorporelles......... Immobilisations corporelles .... Immobilisations financières			Cessions ou réductions d'éléments de l'actif immobilisé : Cessions d'immobilisations : – incorporelles ...... – corporelles .... Cessions ou réductions d'immobilisations financières		
Variation des capitaux propres et des dettes financières	Réduction des capitaux propres (réduction de capital, retraits) .... Remboursements de dettes financières (1)			Augmentation des capitaux propres : Augmentation de capital ou apports Augmentation des autres capitaux propres .... Augmentation des dettes financières (1)		
	Total des emplois		X	Total des ressources		X
	Solde créditeur : Variation du fonds de roulement net global (ressource nette)			Solde débiteur : Variation du fonds de roulement net global (emploi net)		

(1) Compte non tenu des concours bancaires courants

2. LE CASH-FLOW

Ce serait trop simple s'il n'existait qu'une seule définition pour ce flux de liquidité, dont la traduction française officielle est :

Marge brute d'autofinancement

abrégée dans le langage quotidien en MBA.

Nous continuerons toutefois à l'appeler cash-flow car cet anglicisme est plus proche de la réalité financière que les trois lettres de MBA.

Le cash-flow, traduit littéralement, c'est l'ensemble des fonds générés par l'activité de l'entreprise. Il se mesure sur une période de temps, comme le compte de résultat et non pas à une date donnée comme le bilan. On peut encore le définir par la différence entre :

les produits se traduisant par des encaissements
et les charges se traduisant par des décaissements

Si dans un premier temps nous négligeons les décalages entre :

ventes et encaissements

ainsi que les décalages entre

achats et décaissements,

et si nous faisons abstraction des variations de stock, nous pouvons écrire la première définition du cash-flow :

(2) **Cash-flow = résultat net**
+ dotations aux provisions – 1 –
+ dotations aux amortissements – 2 –

En effet, nous devons corriger le résultat net, qui est la différence entre les produits et les dépenses, en lui rajoutant les dotations qui sont des dépenses « jeu d'écriture », et non des dépenses décaissées. Ces dotations sont les seuls éléments du compte de résultat qui ne se traduisent pas par des flux financiers. Tous les autres éléments, du chiffre d'affaires au résultat en passant par les frais de personnel ou frais financiers sont des flux. La correction des lignes – 1 – et – 2 – rétablit la vérité au niveau du caractère de « flux » du deuxième membre de l'équation (2).

Appliquons cette définition à SEB SA, en utilisant les données de son compte de résultat.

Cash-flow de SEB SA

	1986	1987
Résultat net	236	71.049
Dotations aux amortissements	2.251	1.724
Dotations aux provisions	159	317
	2.646	73.090

Dans une deuxième étape de l'analyse, on affinera l'approche précédente en constatant que toutes les ventes n'ont pas été forcément encaissées, ce qui devrait se traduire, au niveau du bilan, par une augmentation du compte clients.

Il faudra donc retirer du cash-flow la variation de ces sommes à percevoir.

De même, tous les achats n'ont pas été décaissés, ce qui se traduit par une élévation du compte fournisseurs. En toute logique, nous devrons donc rajouter au cash-flow cette augmentation du crédit que nous accordent les fournisseurs.

Enfin, tous les achats n'ont pas forcément été consommés, ce qui entraîne une variation des stock. Cette non consommation est sans incidence sur le résultat puisque les achats ont été corrigés par la variation de stocks. Cependant, ils ont vraisemblablement été payés. Il faut tenir compte de ces matières achetées et payées, mais non consommées, en les soustrayant du cash-flow.

Nous allons définir le cash-flow réel en corrigeant la MBA de ces variations (qu'il est coutume d'écrire avec la lettre Δ provenant du « Δ » Grec, prononcé « delta », le « Δ » témoignant qu'il s'agit là d'une différence).

(3) **Cash-flow réel = + cash-flow**
- Δ (Clients)
- Δ (Stocks)
+ Δ (Fournisseurs)

Pour la société SEB SA, le cash-flow réel se calcule donc en introduisant les données en provenance des deux derniers bilans.

Détermination du cash-flow réel 87 de SEB SA

	1986	1987	Variation
Comptes clients	167.776	204.480	36.704
Stocks	0	0	0
Dettes fournisseurs	895	1.417	522
Clients + Stocks – Fournisseurs	166.881	203.063	36.182
Cash-flow	73.090		
– D (Clients)	(36.704)		
– D (Stocks)	(0)		
+ D (Fournisseurs)	522		
Cash-flow réel	36.908		

Nous avons vu que le résultat net, à lui seul, n'est pas un bon indicateur économique de l'enrichissement de l'entreprise. C'est pourquoi on lui a adjoint deux indicateurs supplémentaires, qui ont l'un et l'autre leur utilité :

- le cash-flow *potentiel* qui indique la capacité de financement dégagée par l'exploitation de l'entreprise.
- le cash-flow *réel* qui mesure la partie encore utilisable du cash-flow, car non encore investie dans le cycle d'exploitation.

Exercice PERNOD RICARD

Consultez le compte de résultat consolidé du Groupe PERNOD RICARD et répondez aux questions suivantes :

a) Pourquoi les amortissements du compte de résultat sont-ils de 336 MF alors que pour la détermination de la MBA (le cash-flow), vous ne les trouvez plus qu'à 329 MF avec la mention « (hors réévaluation) » ?

b) Calculez le cash-flow réel du groupe PERNOD RICARD.

Bilan Pernod

(en millions de francs)

Actif	1986 Valeur brute	1986 Amortissements et provisions	1986 Valeur nette	1985 Valeur nette
ACTIF IMMOBILISÉ	**4775**	**2111**	**2664**	**2782**
Immobilisations incorporelles	563	24	539	539
Immobilisations corporelles	3823	2029	1794	1808
Survaleur	50	23	27	33
Immobilisations financières	339	35	304	402
ACTIF CIRCULANT	**6420**	**161**	**6259**	**5490**
Stocks	2489	36	2453	2473
Créances d'exploitation diverses	2990	125	2865	2393
Valeurs mobilières de placement	418	—	418	207
Disponibilités	523	—	523	417
COMPTE DE RÉGULARISATION ACTIF	**86**	**3**	**83**	**87**
ÉCART DE CONVERSION ACTIF	**5**	**—**	**5**	**3**
TOTAL ACTIF	**11286**	**2275**	**9011**	**8362**

Passif	1986	1985
CAPITAUX PROPRES DU GROUPE	**3907**	**3697**
Dont droits du Groupe dans le résultat	516	425
DROITS DES TIERS DANS LES CAPITAUX PROPRES	**299**	**335**
Dont droits des tiers dans le résultat	31	27
PROVISIONS POUR RISQUES ET CHARGES	**199**	**246**
IMPÔT DIFFÉRÉ PASSIF	**88**	**108**
DETTES	**4514**	**3958**
Dettes financières	1335	1442
Emballages consignés	303	309
Dettes d'exploitation	2279	2089
Dettes diverses	597	118
COMPTE DE RÉGULARISATION PASSIF	**1**	**12**
ÉCART DE CONVERSION PASSIF	**3**	**6**
TOTAL PASSIF	**9011**	**8362**

Compte de résultat Pernod

(en millions de francs)

	1986	1985	Variation en %
CHIFFRE D'AFFAIRES HORS TAXES	**11 773**	**10 383**	**+ 13,4**
Droits et taxes	(1 757)	(1 867)	– 5,9
CHIFFRE D'AFFAIRES HORS DROITS ET TAXES	**10 016**	**8 516**	**+ 17,6**
Achats consommés	(4 246)	(3 540)	
MARGE BRUTE	**5 770**	**4 976**	**+ 16,0**
Services extérieurs	(1 973)	(1 767)	
VALEUR AJOUTÉE	**3 797**	**3 209**	**+ 18,3**
Impôts et taxes	(213)	(177)	
Frais de personnel	(2 019)	(1 761)	
EXCÉDENT BRUT D'EXPLOITATION	**1 565**	**1 271**	**+ 23,1**
Autres produits de gestion courante	106	179	
Autres charges de gestion courante	(140)	(141)	
Amortissements	(336)	(296)	
RÉSULTAT AVANT OPÉRATIONS FINANCIÈRES	**1 195**	**1 013**	**+ 17,9**
Frais financiers (nets)	(91)	(97)	
RÉSULTAT COURANT	**1 104**	**916**	**+ 20,5**
Provision pour participation des salariés	(69)	(50)	
Plus et moins-values de cessions d'actifs	40	19	
Autres charges et produits exceptionnels	(12)	(10)	
RÉSULTAT AVANT IMPÔT	**1 063**	**875**	**+ 21,5**
Impôt sur les bénéfices	(521)	(409)	
Résultat des sociétés mises en équivalence	5	(14)	
RÉSULTAT NET	**547**	**452**	**+ 21,0**
Droits des tiers dans le résultat	31	27	
DROITS DU GROUPE DANS LE RÉSULTAT	**516**	**425**	**+ 21,4**
Résultat net consolidé	547	452	
Amortissements (hors réévaluation)	329	286	
MARGE BRUTE D'AUTOFINANCEMENT	**876**	**738**	**+ 18,7**

Correction exercice PERNOD RICARD

a) Les amortissements portés au compte de résultat ont été calculés aussi largement que possible, afin de limiter, tant que faire se peut, le résultat imposable, donc le résultat. Ils ont été réévalués.

b) Calcul du cash-flow réel.

Variation des postes de bilan significatifs

	1986	1987	Variation
Stocks	2 473	2 453	(20)
Créances d'exploitation diverses	2 393	2 865	472
Dettes d'exploitation	2 089	2 279	190
Emballages consignés	309	303	(6)
	7 264	7 900	636

Résultat net consolidé	547
+ Dotations aux amortissements	329
− Variation des stocks	20
− Variation des comptes clients	(472)
+ Variation du crédit fournisseur	190
+ Variation emballages consignés	6
	620

On peut constater sur cet exemple la grande différence entre le cash-flow théorique – publié en dernière ligne du tableau des soldes de gestion – 876 MF, et sa valeur réelle 620 MF. Il y a quand même une différence de 250 millions de francs, essentiellement explicable par l'augmentation des créances d'exploitation.

Nombre de sociétés ont dû déposer leur bilan entre 1974 et 1980 pour avoir mal prévu cette différence.

CHAPITRE 9

FONDS DE ROULEMENT ET BESOIN EN FONDS DE ROULEMENT

Lorsqu'une entreprise ne peut plus faire face à ses échéances, elle dépose son bilan.

Ne plus faire face à ses échéances, c'est, par exemple, se trouver le 29 du mois dans les conditions suivantes :

– des disponibilités nulles : « rien en caisse » en langage commun

– aucune possibilité de trouver d'argent frais

– la paie de 10 millions de francs au 30 du mois

L'entreprise est dite *alors* insolvable, ou encore illiquide. On peut très bien arriver à une telle situation avec des capitaux propres très conséquents. On peut très bien être richissime et insolvable. On peut très bien recevoir l'huissier dans un appartement donnant sur le Champ de Mars dont les murs sont couverts de Van Gogh et de Gauguin, de même que le bateau de haute mer peut s'échouer sur le banc de sable à la sortie du port.

Lorsqu'il y a dépôt de bilan, il n'y a plus que des perdants. Qu'ils s'appellent fournisseurs, organismes sociaux, État, banques ou salariés, ils pâtiront tous de la déroute de l'entreprise. Aussi, les financiers ont-ils formalisé un instrument destiné à prévenir une éventuelle déroute prochaine, la notion de « fonds de roulement », que nous appellerons dans la suite FDR.

1. LE FONDS DE ROULEMENT

Il est défini à partir de l'équation ci-dessous.

(4) **FDR = actif à court terme – passif à court terme**

Le FDR permet de mesurer l'équilibre financier résultant de la confrontation entre les actifs à court terme, qui figurent au bas de l'actif, et le passif à court terme.

Le bas du bilan est en effet constitué des actifs qui se transformeront en liquidités en moins d'un an (actifs à court terme) et des engagements à moins d'un an (passif à court terme).

On conçoit, en première analyse, que si le FDR est négatif, autrement dit s'il y a moins d'actifs à court terme que d'engagements à moins d'un an, l'équilibre financier de l'entreprise est compromis. La société ne pourrait pas rembourser **immédiatement** ses dettes à court terme, si par hasard on le lui demandait.

Au contraire, plus le fonds de roulement est élevé, plus les dettes à court terme sont susceptibles d'être honorées par la réalisation de l'actif circulant ; plus l'équilibre financier semble assuré.

Compte tenu de ces constatations, le caractère positif du FDR a été considéré comme un « must », comme un impératif sur lequel il était hors de question de revenir. Certains banquiers en avaient fait une condition sine qua non pour accorder des crédits à l'entreprise. « En dehors d'un FDR positif, point de salut ! » entendait-on toujours et partout.

2. LE CALCUL DU FONDS DE ROULEMENT (FDR)

Le FDR est une notion essentiellement financière et c'est à partir du bilan financier qu'il faudra le calculer plutôt qu'avec les données comptables du bilan tout court. Il ne viendrait pas à l'esprit d'inclure dans le fonds de roulement les primes de remboursement d'obligation, figurant en bas de bilan, dont on sait que ce sont des « non-valeurs ».

Appliquons la définition de l'équation (4) sur la société MODÈLE dont le bilan financier par grandes masses apparaît ci-dessous.

Société MODÈLE – Bilan au 31/12/88

Actif immobilisé	100,0	Fonds propres	60
		Dettes long terme	60
Actif à court terme	120,0	Dettes court terme	100
	220,0		220

Fonds de roulement = 120 – 100

Mais le fonds de roulement peut aussi se calculer par le haut de bilan. En effet, chacune des deux composantes de bas de bilan peut s'exprimer en fonction du total du bilan et de sa partie haute. Si le calcul algébrique est élémentaire, sa constatation graphique l'est plus encore.

Actif à court terme = total bilan – actif immobilisé

Passif à court terme = total bilan – capitaux permanents

Fonds de roulement = (total bilan – actif immobilisé)
– (total bilan – capitaux permanents)

Fonds de roulement = capitaux permanents – actif immobilisé

L'équation ci-dessus montre que le fonds de roulement représente aussi **l'excès des capitaux permanents par rapport aux investissements,** c'est-à-dire la **partie des capitaux permanents ne servant pas à financer les immobilisations.**

Nous constatons donc qu'il y a deux moyens de calculer le fonds de roulement :

– la méthode de bas de bilan qui était la définition même du fonds de roulement.

– la méthode dite de haut de bilan.

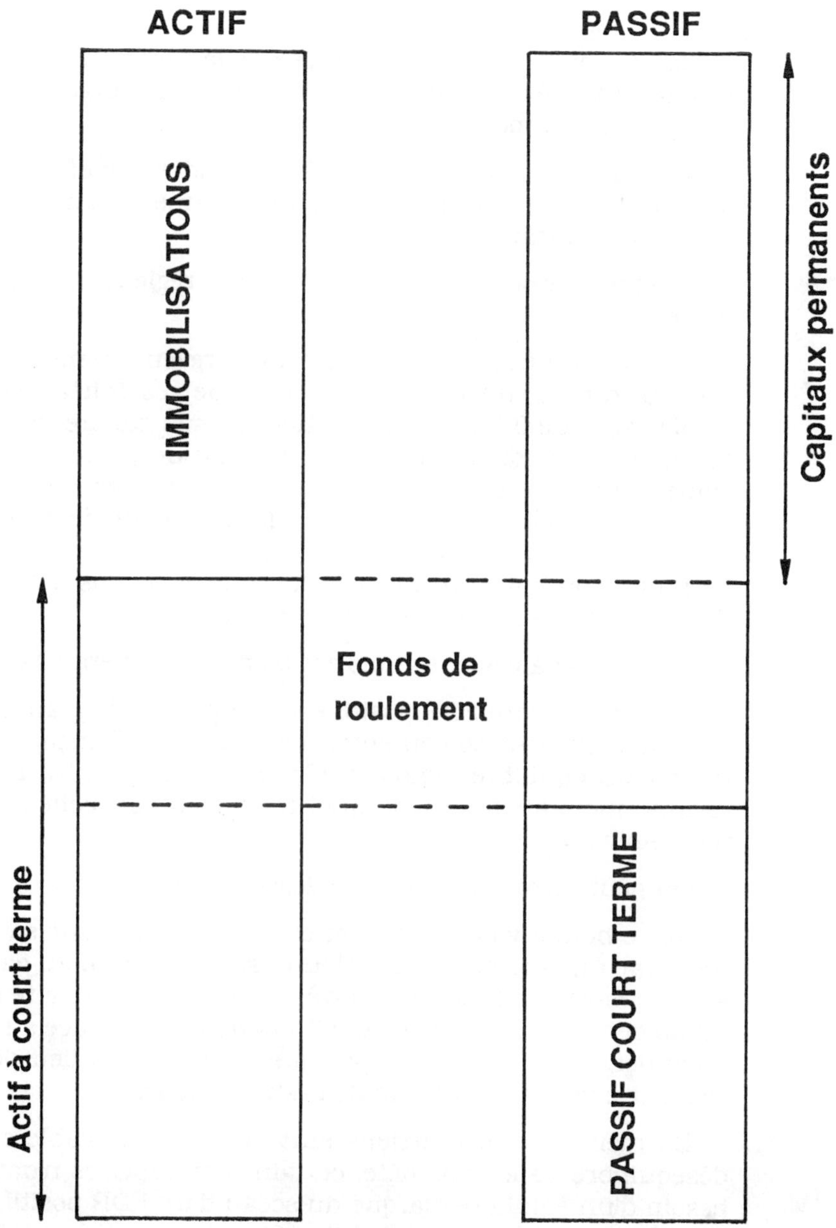
ACTIF
PASSIF
IMMOBILISATIONS
Capitaux permanents
Fonds de roulement
Actif à court terme
PASSIF COURT TERME

3. LE BESOIN EN FONDS DE ROULEMENT

Nous avons commenté la genèse de la notion de FDR. Il est lié à la capacité de l'entreprise à faire face immédiatement à ses engagements à moins d'un an.

Mais n'est-il pas extravagant de demander à quelqu'un d'être à tout moment susceptible de rembourser immédiatement toutes ses échéances de l'année ?

Imaginons que nous appliquions cette règle de manière universelle.

Prenons un français moyen, dont le revenu mensuel est de 10 000 francs, endetté de telle sorte que ses échéances mensuelles sont de 3 300 francs, le tiers de son salaire. S'il faisait son bilan le 1er janvier au matin, il aurait un poste de dettes à court terme de 3 300 x 12, soit 39 600 francs, soit encore 4 mois de salaire. Si son bas de laine est en deçà de cette somme, notre français moyen doit-il aller déposer son bilan ? La profession bancaire va-t-elle lui tourner le dos s'il a moins de 4 mois de salaire sur son compte en banque ?

La réponse à ces questions est bien évidemment : NON.

Certes, avoir un FDR positif est une preuve de grande stabilité. Mais on peut se contenter, comme notre français moyen, d'avoir un équilibre moins stable, en engrangeant à la fin de chaque mois au moins de quoi faire face aux échéances du mois suivant.

On peut même vivre dans le déséquilibre.

Notre bonne vieille terre est-elle en équilibre sur sa trajectoire par rapport au soleil ? Heureusement que non, car nous serions morts de froid depuis très longtemps sans cette accélération centripète de quelques milliers de km/s^2, grâce à laquelle nous décrivons une orbite presque circulaire au lieu de nous éloigner à vitesse constante de l'astre du jour.

De même que les terriens survivent très agréablement au déséquilibre de leur planète, certaines entreprises n'ont guère besoin d'un équilibre marqué du sceau d'un FDR positif. Ainsi, le groupe Carrefour, dont le bilan 87 est annexe de ce chapitre a-t-il un fond de roulement parfaitement négatif, ce qui ne l'empêche pas de jouir d'une insolente bonne santé financière.

En deux mots, la règle d'équilibre n'est pas d'avoir un FDR positif, mais d'avoir un FDR au moins égal à ses besoins en FDR. Afin de déterminer l'utilité réelle du FDR, reprenons, en le détaillant, le bilan de la société MODÈLE.

Imaginons que cette société soit merveilleusement gérée et que le bilan que vous avez sous les yeux soit le résultat d'une remarquable gestion des stocks, des clients, des fournisseurs, ainsi que de tous les postes d'actif et de passif.

Société MODÈLE Bilan au 31/12/88

Actif immobilisé	100	Fonds propres corrigés	60
		Dettes long & m. terme	60
Stocks	30		
Clients	30		
Dépôts	50	Dettes CT d'exploitation	40
		Dettes CT hors exploitation	40
Disponibilité	10	Financement à court terme	20
	220		220

4. LES BESOINS EN FONDS DE ROULEMENT D'EXPLOITATION

Pour que notre société puisse fonctionner harmonieusement, elle doit avoir un volant minimum de stocks : c'est précisément ce minimum qui figure au bilan : 30.

De même, pour respecter la tradition commerciale, elle doit faire crédit à ses clients. Sans ce crédit, elle ne pourrait plus vendre. Aussi doit-elle faire à ses clients un « prêt » permanent de 30, qui figure d'ailleurs au bilan.

Enfin, en contrepartie, elle est traitée avec les mêmes égards par ses fournisseurs qui lui accordent un crédit de 40.

L'exploitation contraint donc l'entreprise à avoir en permanence à son bilan :

- des emplois de 30 correspondant aux stocks
- des emplois de 30 correspondant aux clients
- une ressource de 40 figurant au crédit fournisseurs.

Si on synthétise ces 3 chiffres en les sommant, on arrive à un total de 20, (30 + 30 – 40). Ce total représente un besoin de l'entreprise.

Ce besoin doit être financé par les capitaux permanents de l'entreprise, dont une partie a déjà permis de financer les immobilisations et n'est donc, de ce fait, plus disponible.

Seule la partie non utilisée pour le financement des immobilisations permet de financer ce besoin. Cette partie « encore liquide », c'est le fonds de roulement. Ce besoin financier de l'entreprise s'appelle, très naturellement, **besoin en fonds de roulement.** Puisqu'il est lié à l'exploitation de l'entreprise, on complète cette dénomination en la qualifiant de **besoin en fonds de roulement d'exploitation.** Vous rencontrerez aussi le terme de « besoin de financement du cycle d'exploitation ».

Un tel besoin, lié à l'exploitation, va évoluer parallèlement à sa saisonnalité et à son évolution à long terme.

Si le volume d'activité croît de 10 % par an, on peut s'attendre à le voir croître de près de 10 % lui aussi. Si, en morte saison, on fait la moitié du chiffre d'affaires de la forte saison, on ne sera pas étonné de voir le BFR diminuer d'autant. Il faut moins de stocks en basse saison qu'en haute saison.

5. LES BESOINS EN FONDS DE ROULEMENT HORS EXPLOITATION

Nous venons de régler le cas des stocks clients et fournisseurs. Abordons maintenant les créances et dettes hors exploitation, qui figurent de part et d'autre du bilan. Si ces éléments ne sont pas directement liés au cycle d'activité de l'entreprise, ils constituent néanmoins :

- une immobilisation temporaire de capitaux de 50 du côté actif,
- une ressource temporaire de 40 côté passif,

donc un solde de 10. Ce solde doit lui aussi être financé. Et financé par quoi sinon la partie encore disponible des capitaux permanents ? Cette partie encore disponible, c'est le FDR, déjà diminué des besoins en fonds de roulement d'exploitation. Aussi ce solde qui constitue un besoin pour l'entreprise s'appelle-t-il, vous l'aviez deviné, **besoin en fonds de roulement hors exploitation.**

Les derniers postes que nous n'avons pas encore cités dans cette analyse descendante du bas de bilan, ce sont les disponibilités (10) et les financements à court terme (20). La société a donc dans sa caisse moins qu'elle ne doit aux banques à court terme. On peut encore une fois synthétiser ces deux chiffres en constatant leur solde, – 10. Ce solde, c'est la trésorerie qui s'avère ici, être négative.

Cette trésorerie ne constitue pas un besoin à priori. Aussi n'a-t-elle pas à être financée par le fonds de roulement, dont elle fait cependant partie, comme l'atteste l'équation (4)

(4) **FDR = actif à court terme – passif à court terme**

Réaménageons cette équation (4) en développant les sous-totaux de bas de bilan.

Actif à court terme = Stocks
+ Clients
+ Créances hors exploitation
+ Disponibilité

Passif à court terme = dettes CT d'exp.
+ dettes hors expl.
+ financ. CT.

FDR = (stock + clients – dettes d'exploitation)
+ (créances hors expl. – dettes court terme hors expl.)
+ (disponibilités – financements à court terme)

Sur la première ligne, nous reconnaissons le besoin en FDR d'exploitation ; sur la deuxième ligne, le BFR hors exploitation ; et sur la troisième la trésorerie. Nous pouvons ainsi réécrire l'équation (4) de la manière suivante :

(5) **FDR = besoin en FDR d'exploitation**
+ besoin en FDR hors exploitation
+ trésorerie

La somme des deux premières lignes s'appelle besoin en fonds de roulement. Nous l'abrégerons en BFDR, qui est un sigle aussi classique en finance que SNCF sur les voies ferrées. La relation (5) se résume encore sous la forme :

(6) **FDR = BFDR + trésorerie**

Cette relation est fondamentale. Car elle indique l'importance que doit avoir le fonds de roulement de l'entreprise. La définition du FDR par le haut de bilan montre que l'entreprise est maître de fixer son FDR au niveau de son choix.

Comment doit être fait ce choix ? En fonction des besoins en FDR, que l'entreprise subit en partie.

Le BFDR est dicté par le marché aval (la coutume des clients), le bon-vouloir des fournisseurs et les contraintes technologiques pour les stocks. On peut, on doit gérer son BFDR. Mais on ne fait pas ce qu'on veut.

On ne fabrique pas une cocotte-minute en une seconde. Voilà pourquoi SEB immobilise quelques 112 millions en produits en cours. Pour vendre des cocottes-minute, il faut en avoir de disponibles à la vente dans les stocks de produits finis. Et SEB n'en a pas moins de 406 MF.

On ne vend pas à Carrefour sans accorder un généreux délai de paiement : les très altruistes fournisseurs de Carrefour avaient un en-cours sur le N° 1 de la distribution de quelques 10 milliards (de francs, pas de centimes !) au 31/12/87.

Si l'on veut garder une trésorerie positive, il faudra fixer son FDR au moins au niveau du BFDR.

Si on maîtrise mal ses besoins en fonds de roulement, en laissant ses stocks grossir plus qu'il ne le faudrait, en ne bridant pas suffisamment ses clients, en se laissant étrangler par ses fournisseurs (ce n'est pas le cas de Carrefour !), on verra son BFDR augmenter démesurément. Il faudra alors, pour rester solvable augmenter son FDR en augmentant ses fonds propres et ses emprunts à long terme. Mais si banquiers et actionnaires n'apportent pas de concours supplémentaire, ce sera le dépôt de bilan.

Bilan de Carrefour

BILANS CONSOLIDÉS AU 31 DÉCEMBRE (Après répartition)
En millions de francs

	1983	1984	1985	1986
Actif				
Actif immobilisé :				
Immobilisations incorporelles	186	175	329	603
Immobilisations corporelles	4.012	4.276	4.614	5.842
Immobilisations financières	366	721	918	1.020
Actif circulant :				
Stocks	1.580	2.067	2.330	2.904
Créances	3.874	3.744	4.508	5.970
Valeurs mobilières de placement	931	1.835	2.865	2.711
Disponibilités	490	1.241	933	887
	11.439	14.059	16.497	19.937
Passif				
Capitaux propres :				
Situation nette du groupe	2.043	2.651	2.906	3.572
Intérêts hors groupe dans les sociétés consolidées	450	686	769	899
Provisions pour risques et charges	378	432	552	802
Dettes :				
Emprunts	1.015	1.366	2.257	2.368
Fournisseurs	5.940	7.134	7.885	9.128
Autres dettes	1.613	1.790	2.128	3.168
	11.439	14.059	16.497	19.937

COMPTES DE RÉSULTAT CONSOLIDÉS AU 31 DÉCEMBRE
En millions de francs

	1984	1985	1986
Ventes hors taxes	39.306	44.169	51.472
Prix de revient des ventes	– 33.466	– 37.503	– 43.764
Marge brute commerciale	5.840	6.666	7.708
Frais généraux	– 4.796	– 5.461	6.480
Amortissements et provisions	– 576	– 609	– 764
Autres produits et charges	457	539	871
Résultat courant avant impôts	925	1.135	1.335
Impôts sur les bénéfices	– 380	– 475	– 469
Résultat courant	545	660	866
Intérêts hors groupe	– 117	– 140	– 191
Résultat courant – part du groupe	428	520	675
Résultat exceptionnel sur opérations en capital	58		21
Résultat net part du groupe	**486**	**520**	**654**

Exercice : Détermination du BFDR du Groupe SEB

Vous avez ci-après le bilan et le compte de résultat consolidés, extraits du rapport annuel du groupe SEB.

1) Déterminer le besoin en fonds de roulement d'exploitation du groupe.

2) Expliquer sa variation entre 86 et 87.

Compte de résultat consolidé du groupe SEB

(en milliers de francs)

	Notes	1987	1986
Ventes de produits		3 742 723	3 465 347
Frais opérationnels	2	(3 278 044)	(3 131 947)
Résultat opérationnel		**464 679**	**333 400**
Résultat financier	3	(94 699)	(82 256)
Résultat courant		**369 980**	**251 144**
Autres produits et charges	4	(104 899)	(66 049)
Résultat du Groupe avant impôt		**265 081**	**185 095**
Impôt sur les résultats	5	(113 780)	(78 214)
Résultat avant utilisation des déficits antérieurs		**151 301**	**106 881**
Utilisation des déficits antérieurs		13 050	3 242
Bénéfice net du Groupe		**164 351**	**110 123**

(en francs)

	1987	1986
Bénéfice par action revenant à SEB S.A. :		
Avant utilisation des déficits antérieurs	58,16	41,85
Bénéfice net	63,18	42,93
Nombre moyen d'actions en circulation pendant l'exercice (note 13)	2 601 439	2 565 001

Les notes figurant aux pages 9 à 14 font partie intégrante des états financiers.

Bilan consolidé au 31 décembre du groupe SEB

(en milliers de francs)

ACTIF	Notes	1987	1986
Actif immobilisé			
Immobilisations incorporelles	6	5 657	8 709
Immobilisations corporelles	7	766 572	704 246
Immobilisations financières	8	27 745	27 290
Total		**799 974**	**740 245**
Valeurs d'exploitation	9	**720 073**	**672 448**
Valeurs réalisables à court terme ou disponibles			
Clients	10	1 144 181	1 111 653
Autres créances	11	198 454	213 285
Disponibilités et valeurs mobilières	12	162 227	129 827
Total		**1 504 862**	**1 454 765**
Total actif		**3 024 909**	**2 867 458**

PASSIF	Notes	Avant affectation résultats		Après affectation résultats	
		1987	1986	1987	1986
Capitaux propres					
Capital	13	260 761	255 409	260 761	255 409
Réserves consolidées	14	734 396	585 845	677 029	537 317
Actions détenues pour compte propre	15	(25 890)	—	(25 890)	—
Total		**969 267**	**841 254**	**911 900**	**792 726**
Passif à long terme					
Intérêts minoritaires		2 509	2 457	2 509	2 457
Provisions pour risques et charges	16	301 424	313 818	301 424	313 818
Emprunts à long terme	17	220 014	245 013	220 014	245 013
Total		**523 947**	**561 288**	**523 947**	**561 288**
Dettes					
Dettes financières	17	692 963	708 976	692 963	708 976
Fournisseurs		398 789	395 289	398 789	395 289
Autres dettes		439 943	360 651	497 310	409 179
Total		**1 531 695**	**1 464 916**	**1 589 062**	**1 513 444**
Total passif		**3 024 909**	**2 867 458**	**3 024 909**	**2 867 458**

Les notes figurant aux pages 9 à 14 font partie intégrante des états financiers.

Détermination du BFDR du groupe SEB
Solution

	1986	1987	Variation
Valeurs d'exploitation	672	720	7 %
Clients	1 112	1 144	3 %
Fournisseurs	– 395	– 399	1 %
	1 389	1 465	5 %

Fournisseurs	1986	1987	Variation
Chiffre d'affaires	3 465	3 743	8 %
Production	3 471	3 708	7 %

On constate une variation du besoin en FDR qui est légèrement moins importante que celle du chiffre d'affaires ou que celle de la production, l'un et l'autre chiffre étant de bonnes mesures de l'activité de groupe SEB.

La croissance du BFR est inévitable, compte tenu de la croissance du groupe ; une plus forte production nécessitera des stocks plus importants. Un chiffre d'affaires plus fort entraînera une élévation du compte clients. Des achats plus volumineux se traduiront par un crédit fournisseurs plus élevé.

Mais dans une société bien gérée, ce qui est le cas de SEB, on essaie de réduire, par tous les moyens et dans les limites du possible, la croissance des besoins en fonds de roulement. Voilà sans doute pourquoi les clients n'augmentent que de 3 % quand le chiffre d'affaires croît de 8 %.

Exercice : Détermination du BFR de Pronuptia

Vous avez ci-après des extraits des bilans de fin d'année de Pronuptia, ainsi que le chiffre d'affaires des années 1982 à 1986.

Déterminez les besoins en fonds de roulement d'exploitation et expliquez leur évolution.

	Ex. 82	Ex. 83	Ex. 84	Ex. 85
Chiffre d'affaires	87 923	80 900	89 404	87 440
	Déc. 82	Déc. 83	Déc. 84	Déc. 85
IMMOS NETTES	16 226	16 546	16 742	14 900
STOCKS	6 785	6 978	8 941	7 064
CLIENTS	6 647	8 513	15 612	7 565
Autres Actifs circ.	11 701	9 088	6 379	3 391
DLMT	5 829	6 905	14 614	19 170
FRS	9 788	9 521	16 246	22 475
Autres DCT	11 678	10 361	5 310	10 291

Besoin en fonds de roulement de Pronuptia
Solution

Nous n'avons guère besoin des immobilisations pour déterminer le besoin en fonds de roulement de cette malheureuse société. Constatons seulement que les immobilisations nettes restent stables, jusqu'en 85, ce qui indique que la société n'a guère fait d'investissement de 82 à 85.

Enfin, nous manquons d'information sur les postes intitulés autres dettes à court terme et autres actifs à court terme. Aussi, plutôt que de dire des bêtises, nous allons nous cantonner à la partie purement exploitation du BFDR.

STOCKS	6 785	6 978	8 941	7 064
CLIENTS	6 647	8 513	15 612	7 565
– Fournisseurs	(9 788)	(9 521)	(16 246)	(22 475)
	3 644	5 970	8 307	(7 846)
Chiffre d'affaires	87 923	80 900	89 404	87 440
	évolution	– 8 %	11 %	– 2 %
CLIENTS	6 647	8 513	15 612	7 565
	évolution	28 %	83 %	– 52 %
Fournisseurs	9 788	9 521	16 246	22 475
	évolution	– 3 %	71 %	38 %

Quelles conclusions tirer quand on rapproche cette évolution de celle du chiffre d'affaires ? On peut constater que les stocks varient quatre fois plus que le chiffre d'affaires et que clients et fournisseurs varient neuf fois plus.

On pourrait même croire que le besoin en FDR devient négatif. Or si un BFDR peut être négatif dans le cas d'une entreprise de détail (comme Carrefour) il ne peut pas l'être dans le cas d'une entreprise de distribution en gros.

En réalité, dès 84, Pronuptia était en état de cessation virtuelle de paiement ; autrement dit en faillite. Le dépôt de bilan avait été retardé par le non-règlement des fournisseurs. Dès 84, on pouvait estimer le « trou », financé par les fournisseurs, à environ 7 MF.

Exercice Carrefour

Vous avez pu consulter les comptes consolidés de Carrefour extraits de l'annuaire DESFOSSÉS (Page 125).

a) Déterminer le besoin en fonds de roulement d'exploitation du groupe aux 31/12/85 et 31/12/86.

b) Déterminer le besoin en FDR d'exploitation de Carrefour si le chiffre d'affaires net augmente de 86 à 87 d'autant qu'il a crû de 85 à 86.

Correction exercice Carrefour

	1984	1985	1986	1987
Stocks	1 580	2 067	2 330	2 904
Créances	3 874	3 744	4 508	5 970
Actifs d'exploitation	5 454	5 811	6 838	8 874
Actifs d'exploitation	5 454	5 811	6 838	8 874
Fournisseurs	(5 940)	(7 134)	(7 885)	(9 128)
	(486)	(1 323)	(1 047)	(254)

On peut constater une augmentation des stocks pratiquement parallèle à l'évolution des ventes, mais une très très forte variation des autres créances, vraisemblablement liées aux activités hors distribution du groupe, notamment les activités financières liées à la carte de crédit « Pass ». Ce gonflement des créances diminue le caractère négatif du BFDR.

Une étude des annexes du bilan, non incluse dans les informations de la cote Desfossés, nous montrerait qu'une grosse partie de ce poste « créances » sont en effet des créances hors exploitation, donc que le BFDR calculé ci-dessus est en réalité beaucoup plus important que le BFDR réellement d'exploitation.

CHAPITRE 10

L'ANALYSE FINANCIÈRE PAR LES RATIOS

Les ratios financiers ont pour objectif de rapprocher deux grandeurs qui n'ont **isolément aucune signification**, mais qui, mises face à face, permettent de porter un jugement financier.

Ainsi, connaître le seul poids d'une personne physique, (80 kilos par exemple) ne peut suffire à caractériser la corpulence de la personne. Car si c'est un homme qui mesure 1 m 90, un poids de 80 kilos est synonyme d'une certaine sveltesse. Alors que s'il s'agit d'une femme mesurant 1 m 55, 80 kilos impliquent un embonpoint certain.

Les ratios sont aux grandeurs financières ce que la perspective est à la géométrie plane. Prenons un exemple:

La société A a 5,2 MF de dettes et 420 KF de frais financiers et la société B a 52 MF de dettes et 4 200 KF de frais financiers. Le poids réel de ces dettes et la capacité des entreprises A et B à y faire face ne peut guère s'apprécier qu'**en comparant**

les dettes de chacune à leurs actifs et à leur cash-flow. C'est à de tels rapprochements que sert l'analyse financière, par les ratios.

Un ratio pris **séparément**, même s'il est plus parlant qu'un simple chiffre, n'a qu'une utilité restreinte. Pour porter un diagnostic financier, on doit systématiquement utiliser les ratios de l'entreprise A dans l'un des contextes suivants :

a) examen d'une **batterie de ratios** reliés les uns aux autres (par exemple, la batterie Dupont de Nemours).

b) **évolution dans le temps** d'une série de ratios.

c) **comparaison** des ratios obtenus avec les objectifs affichés par les dirigeants.

d) **comparaison** aux ratios d'**entreprises** significatives du même secteur d'activité.

De telles comparaisons peuvent se faire entre A et B (MOULINEX et SEB, ou PRONUPTIA et MANOUKIAN) ou entre A et les sociétés du même secteur rassemblées dans une « banque » de données, comme la Centrale des Bilans de la Banque de France, le Tableau de Bord Financier des Sociétés des Collections de l'INSEE, ou encore la Centrale des Bilans du CRÉDIT NATIONAL, dont quelques extraits sont en annexe. Ces banques de données ont l'avantage d'être relativement exhaustives et très abordables (quelques dizaines de francs). Elles sont bien sûr moins précises, puisque synthétiques, que les études sectorielles DAFSA et les dossiers PRECEPTA qui ne se cantonnent pas aux seules données financières. Leur coût d'acquisition se compte en milliers de francs.

Enfin, il faut être extrêmement prudent lorsqu'on se livre à des comparaisons sectorielles. On peut comparer SEB à MOULINEX, sociétés de taille équivalente. On peut comparer CASINO à CARREFOUR, bien que la première ait quelque activité de fabrication et la dernière ne fasse que de la distribution.

Mais on ne peut pas comparer la société Béton-du-Coin-et-Fils au groupe BOUYGUES. La différence de taille et la possibilité d'accès au Marché financier pour l'un et pas pour l'autre sont des inégalités telles que ces sociétés, pourtant du même secteur, ne vivent pas en réalité sur la même planète.

Les ratios peuvent se classer en six grandes familles :

a) les ratios de liquidité,

b) les ratios d'activité,

c) les ratios d'endettement,

d) les ratios de rentabilité,

e) les ratios d'exploitation,

f) les ratios boursiers.

1. LES RATIOS DE LIQUIDITÉ

La première considération de l'analyste de bilan a trait à la liquidité de l'entreprise, donc à ses fonds de roulement : différence entre l'actif à court terme et le passif à court terme. Le ratio de liquidité générale, défini comme ci-dessous, permet de mesurer la solvabilité liée au FDR :

$$\textbf{Ratio de liquidité générale} = \frac{\textbf{Actifs à court terme}}{\textbf{Dettes à court terme}}$$

Dès que le FDR sera positif, ce ratio sera supérieur à 1 et plus le fonds de roulement sera important, plus le ratio sera élevé.

Cependant, comme le fonds de roulement mesure l'équilibre de l'entreprise à travers le besoin en FDR, lui-même lié au cycle d'exploitation, on rapporte le FDR au chiffre d'affaires pour avoir une idée relative de l'importance du FDR, avec le ratio :

FDR / chiffre d'affaires quotidien moyen

qui s'écrit encore

FDR x 360 / chiffre d'affaires annuel

et qui se prononce **FDR en jours de chiffre d'affaires.**

Ce ratio est fondamental et on le rapproche du ratio dit de **besoin en FDR en jours de chiffre d'affaires.** En effet, compte tenu des délais de fabrication qui se mesurent en jour, des délais d'encaissement, des créances clients ou des délais de paiement des achats qui se comptent aussi en jours, on utilise fréquemment l'unité :

jour de chiffres d'affaires

pour étalonner les besoins en fonds de roulement.

Calculons ces ratios de liquidité pour SEB et MOULINEX.

Groupe SEB	1982	1983	1984	1985	1986
Fonds de roulement	561	692	713	765	662
Chiffre d'affaires	2.462	2.726	2.980	3.240	3.465
FDR en jours de CA	82	91	86	85	69

Groupe MOULINEX	1982	1983	1984	1985	1986
Fonds de roulement	562	591	699	737	642
Chiffre d'affaires	2.744	2.912	3.327	3.367	3.371
FDR en jours de CA	74	73	76	79	69

2. LES RATIOS D'ACTIVITÉ

Ces ratios vont mesurer l'efficacité de la gestion des actifs de l'entreprise. Ils permettent notamment de déterminer si les montants apparaissant au bilan sont trop élevés, trop faibles ou au contraire au bon niveau.

LE RATIO DE ROTATION DES STOCKS

Les stocks représentent un montant non négligeable et le financier est obsédé par un niveau de stocks trop élevé alors que son homologue de la fabrication rêve de stocks imposants qui lui permettraient de ne plus avoir de souci de rupture. Les ratios de rotation permettront de les départager. Ces ratios peuvent se calculer par rapport au chiffre d'affaires ou par rapport aux achats.

Rotation des stocks =
chiffre d'affaires quotidien moyen / stocks

qui s'écrit encore

Rotation des stocks =
chiffre d'affaires annuel / stocks x 360

L'inverse de ce ratio (soit stocks / CA) est aussi très parlant puisqu'il détermine combien l'entreprise utilise de stocks pour obtenir un franc de chiffre d'affaires.

LE DÉLAI D'ENCAISSEMENT DES CRÉANCES CLIENTS

Il est destiné à mesurer la durée moyenne du crédit clients et permet de se faire une idée de l'efficacité de la gestion du crédit-client. Car si les financiers sont obnubilés par ces clients qui paient trop lentement, ou à qui les commerciaux accordent des crédits trop longs, les commerciaux, eux, souhaitent s'occuper le moins possible de ces basses contingences qui freinent l'efficacité de leur action.

Le ratio de rotation des créances clients permet de faire la part des choses. Il doit bien entendu se calculer à partir des créances clients figurant au bilan, corrigé des effets escomptés et non échus. De plus, puisque les dettes des clients sont portées au bilan avec la TVA correspondante, on ajoutera la TVA aux ventes afin d'avoir un rapport homogène. Il ne rimerait à rien de diviser un compte client grévé de sa TVA par un montant de ventes hors taxes.

Rot. créances clients = clients / CA quotidien moyen TTC

qui s'écrit encore

Rotation des créances clients =
clients x 360 / CA annuel TTC

LE DÉLAI DE PAIEMENT DES FOURNISSEURS

Ce délai ne déclenche pas, en général, de diatribes dans l'entreprise. On peut d'ailleurs regretter que les fournisseurs ne soient pas toujours traités avec les égards qui leur seraient dus. Quoi qu'il en soit,leur délai moyen de règlement peut s'exprimer en rapprochant les achats, ramenés à leur base TTC, du compte fournisseurs, exprimé avec la TVA correspondante.

Délai règlement Frs = Frs / achat quotidien moyen TTC

qui s'écrit encore

Délai moyen règlement Frs = Frs x 360 / CA annuel TTC

Y-a-t-il une norme à ce délai ? Certes, une entreprise qui règlerait ses fournisseurs immédiatement aurait un délai de règlement égal à 0. C'est un cas peu fréquent, mais possible qu'on rencontre dans le cadre d'une stratégie « achats » bien définie. On trouve, plus généralement, des durées comprises entre 2 et 3 mois.

Que doit-on penser d'une société dont le ratio de règlement des fournisseurs serait de 120 jours ? Certains en déduisent qu'une telle entreprise dispose d'acheteurs redoutables. L'auteur pense qu'il n'y a pas lieu de se glorifier d'un tel chiffre. Car « 120 jours » est très supérieur aux normes culturelles. Donc un tel ratio traduit deux cas de figure très différents :

- ou bien l'entreprise n'est pas à même de régler ses fournisseurs, auquel cas elle est en grand danger.

- ou bien l'entreprise « écrase » ses fournisseurs. Dans ce cas elle devra en changer, car ses fournisseurs « écrasés » deviendront tôt ou tard non compétitifs. Notre société sera atteinte par la non-compétitivité de ses fournisseurs actuels. Son image de marque risque de se dégrader. Dans sa recherche de nouvelles sources d'approvisionnement, elle courra le risque de vérifier l'adage « qui manie l'épée périra par l'épée ».

Appliquons ces définitions à la société PRONUPTIA sur les comptes de qui nous nous sommes déjà penchés.

Pronuptia	82	83	84	85
Chiffre d'affaires	87.923	80.900	89.404	87.440
Achats hors taxes	48.892	44.735	47.762	52.847
Stocks	6.785	6.978	8.941	7.064
Clients	6.647	8.513	15.612	7.565
Fournisseurs	9.788	9.521	16.246	22.475
Achats TTC	57.986	53.056	56.646	62.677
Délai règlement Frs	61	65	103	129
Délai paiement clients	23	32	53	26

Commentaires : une forte dégradation du paiement des clients, peut être attribuable à de mauvais produits, ou à une clientèle en perte de vitesse. La société elle-même, à demi étranglée par ses clients, se tourne vers ses fournisseurs dont elle suspend deux mois de paiement en 86 (129 jours au lieu d'une norme habituelle qui est plutôt de l'ordre de 60 jours).

LE BESOIN EN FONDS DE ROULEMENT ET LE CHIFFRE D'AFFAIRES

Nous avons précédemment commenté le bien-fondé de la notion de BFDR, liée au décalage entre le règlement des fournisseurs et la durée d'écoulement des stocks et le paiement des clients. On conçoit bien que si un produit demande

10 jours de fabrication,

5 jours de livraison,

60 jours de délai de règlement client,

il immobilisera des capitaux pendant 10 + 5 + 60 = 75 jours.

Si en contrepartie les fournisseurs accordent un crédit de 50 jours, ces 50 jours seront mis à l'actif du produit dont on considérera qu'il aura nécessité un financement de seulement 25 jours. Ce financement nécessité est précisément le besoin en fonds de roulement. D'où la coutume de mesurer le BFDR en jours de chiffre d'affaires avec le ratio :

BFDR / chiffre d'affaires quotidien moyen

LA ROTATION DES IMMOBILISATIONS

L'entreprise a investi en usines et équipements de toutes sortes pour réaliser son chiffre d'affaires. En divisant le chiffre d'affaires par les immobilisations nettes, on obtient le ratio de rotation des immobilisations, qui indique le montant de ventes réalisé avec 1 franc d'immobilisation.

Rotation des immobilisations = chiffre d'affaires / immos

LA ROTATION DES ACTIFS

Le ratio de rotation des actifs est une variante du précédent. Il divise les ventes par le montant de tous les actifs (des immobilisations aux disponibilités), donc par le total du bilan. Il mesure donc le niveau du chiffre d'affaires réalisé par la mise en œuvre de 1 franc, réparti sur l'ensemble des postes du bilan.

Rotation des actifs = chiffre d'affaires / total actif

Comparaison des ratios d'activité de SEB et de MOULINEX

Groupe SEB	1983	1984	1985	1986
Chiffre d'affaires hors taxes	2.726	2.980	3.240	3.465
CA TTC = 1,186 x CA HT	3.233	3.534	3.843	4.109
Stocks	610	708	606	672
Clients + effets escomptés	650	625	713	716
Immobilisations	539	557	633	741
Rotation des stocks	4,5	4,2	5,3	5,2
Délai règlement clients	72	64	67	63
Rotation des actifs				
Rotation des immobilisations	5,1	5,4	5,1	4,7

Groupe MOULINEX	1983	1984	1985	1986
Chiffre d'affaires hors taxes	2.912	3.327	3.367	3.371
CA TTC = 1,186 x CA HT	3.454	3.946	3.993	3.998
Stocks	781	868	1.001	842
Clients + effets escomptés	546	602	651	577
Immobilisations	594	690	727	640
Rotation des stocks	3,7	3,8	3,4	4,0
Délai règlement clients	57	55	59	52
Rotation des actifs				
Rotation des immobilisations	4,9	4,8	4,6	5,3

Commentaires : la gestion des stocks semble avoir été plus serrée chez SEB puisque pour 1 franc de stock on réalisait 5,2 francs de CA contre moins de 5 chez MOULINEX. Cette dernière a cependant rattrapé en 86 son concurrent sur la gestion des stocks.

On pourrait faire le même type de remarque pour les immobilisations. Il convient, comme pour les stocks, de rester très prudent. Rappelons-nous que les bilans sont établis à un instant bien précis. Il suffit donc que l'entreprise ait fait un investissement important la veille de la clôture de l'exercice pour que cet équipement, entièrement neuf et amorti à 0 %, fasse chuter le ratio de rotation des immobilisations.

Enfin, si nous étions amenés à étudier le bilan d'ÉLECTROLUX, il serait bien étonnant, de trouver un ratio de rotation des immobilisations égal à 1 ou égal à 10.

S'il n'y a pas de norme universelle pour un tel ratio, il y a bien sûr des normes sectorielles liées à la technologie du produit, comme à son marché dont la culture détermine le prix de vente. Il n'y a pas 36 manières de fabriquer un fer à repasser, qui ne coûtera ni 1 franc, ni 10 000 francs.

3. LES RATIOS D'ENDETTEMENT

Venons en maintenant à l'étude de la structure du financement qui peut s'éclairer à la lueur d'au moins deux ratios : le **ratio d'endettement** et le **ratio d'endettement à long terme.**

Le ratio d'endettement, défini par la relation :

Total dettes / total actifs

mesure la part des dettes dans l'ensemble des actifs de l'entreprise, donc dans l'ensemble des ressources, puisque – par définition – l'actif est égal au passif. Plus ce ratio sera élevé, plus l'entreprise sera endettée, ce qui n'est pas forcément un mal en soi pour peu que l'entreprise puisse faire face à ses échéances.

Il est de tradition, en France, que ce ratio soit inférieur à 80 %. Au-delà de cette limite, les sociétés sont considérées très endettées et auront à priori des difficultés pour contracter de nouvelles dettes.

Le ratio d'endettement à long terme, compare les dettes à long terme aux fonds propres, sous la forme :

Dettes à long terme / fonds propres

Là encore, il y a une norme culturelle, qui varie d'ailleurs d'un pays à l'autre. Chez nous, français, on considère que 100 % est une limite supérieure qu'il est malséant de dépasser.

Les ratios que nous venons de décrire éclairent la structure du financement, et non la solvabilité de l'entreprise. Il importe, après avoir constaté la structure de l'endettement, d'étudier comment les engagements correspondants seront honorés.

Il est évident que, puisque c'est avec le résultat net, ou plutôt avec le cash-flow, que les dettes sont remboursées, il doit y avoir des relations précises entre dettes, résultat et cash-flow. Aussi, le ratio :

Dettes à long et moyen terme / cash-flow annuel

qui indique combien d'années d'exploitation devront s'écouler pour rembourser les dettes à terme, est fondamental. Il est souhaitable qu'il ne soit pas supérieur à quatre années.

Enfin, comme les frais financiers sont prélevés sur l'excédent brut d'exploitation, il faut qu'il n'y ait pas de disproportion entre eux, et le ratio :

EBE / frais financiers

mesure combien de fois l'entreprise gagne ses frais financiers, et illustre la marge de sécurité séparant la rentabilité actuelle du point mort, en deçà duquel l'exploitation n'est plus rentable.

Comparons à l'aide de ces ratios SEB et MOULINEX. Les calculs figurent dans le tableau ci-après que nous pouvons rapidement commenter. Le groupe SEB est sensiblement plus endetté à long terme que MOULINEX avec un endettement à terme de 66 % des fonds propres contre 40 % (lignes (2)).

Cela dit, SEB supporte mieux son endettement grâce à une exploitation plus rentable. SEB gagne 6 fois ses frais financiers, alors que MOULINEX ne les gagne que 5 fois (ligne (1)), et ce depuis 1986. De plus, SEB dégage des cash-flows importants et serait à même de rembourser ses dettes à terme en moins d'un an(en quelques 3 mois), alors que MOULINEX en 86 ne pourra pas rembourser un seul centime (lignes (3)).

Groupe SEB				
EBE	363	337	384	447
Frais financiers	60	78	127	77
EBE / frais financiers (1)	6	4	3	6
Résultat net	85	57	70	110
Dotation aux amortissements	115	92	115	114
Cash-flow	200	149	185	224
Capitaux propres	829	773	799	844
Dettes à long terme	402	497	599	559
Dettes LT / fonds propres (2)	48 %	64 %	75 %	66 %
Cash-flow / DLT (3)	0,5	0,3	0,3	0,4
Groupe MOULINEX				
EBE	386	389	357	607
Frais financiers	122	140	118	111
EBE / frais financiers (1)	3	3	3	5
Résultat net	69	60	- 35	- 238
Dotation aux amortissements	130	166	189	206
Cash-flow	199	226	154	- 32
Capitaux propres	858	861	934	681
Dettes à LMT	214	239	351	266
Dettes LT / fonds propres (2)	25 %	28 %	38 %	39 %
Cash-flow / DLT (3)	0,9	0,9	0,4	-

4. LES RATIOS DE RENTABILITÉ

Il y a plusieurs aunes auxquelles il convient de rapporter la rentabilité. On peut la rapporter au chiffre d'affaires, et obtenir la notion courante de rentabilité commerciale :

Rentabilité commerciale = résultat net / chiffre d'affaires

Compte tenu des commentaires que nous avons faits sur le caractère peu économique du résultat net, on peut aussi adjoindre au précédent ratio le rapport

Excédent brut d'exploitation / chiffre d'affaires

qui détermine la marge sur le coût de revient de fabrication, et qui a l'avantage de ne pas être entaché par la politique financière de l'entreprise.

D'autre part, le résultat net étant destiné aux actionnaires, apporteurs des fonds propres, il convient de comparer le résultat net aux fonds propres pour déterminer la rentabilité financière :

Rentabilité financière = résultat net / fonds propres

Cette rentabilité financière peut être avantageusement complétée par le ratio

Cash-flow / fonds propres

qui rapproche le flux financier dégagé par une année d'exploitation à la « mise » des actionnaires.

Notons enfin la relation liant la rentabilité des fonds propres à l'endettement de l'entreprise et provenant de la gymnastique décrit ci-dessous :

Rentabilité des fonds propres = résultat net / fonds propres
= [résultat net / ventes] (1)
x [ventes / total actifs] (2)
x [total actifs / fonds propres] (3)

Nous reconnaissons en (1) la rentabilité commerciale, en (2) le ratio de rotation des actifs et en (3) un ratio lié à l'endettement qui peut s'écrire (1 + taux d'endettement).

Cette relation met en relief les trois composantes de la rentabilité d'une affaire :

– la rentabilité commerciale liée à la politique de fixation des prix,

– le volume d'activité de l'entreprise mesuré par la rotation des investissements,

– le taux d'endettement déterminé par la politique financière.

Cette relation permet d'expliquer, par exemple la différence de rentabilité entre le rayon « habillement » de chez CARREFOUR et celle des magasins HERMÈS. Mais passons sans plus tarder à la pratique et déterminons « les rentabilités » du groupe SEB. Nous ne le ferons pas pour MOULINEX car la société étant en perte en raison des éléments exceptionnels, les chiffres que nous obtiendrions ne seraient pas significatifs.

Groupe SEB	1984	1985	1986
Chiffre d'affaires	2.980	3.250	3.465
Résultat net	57	70	110
Dettes totales	1.873	1.892	2.023
Total actif	2.646	2.691	2.867
Fonds propres	773	799	844
Rentabilité commerciale	1,9 %	2,2 %	3,2 %
Rotation des actifs	1,13	1,21	1,21
Ratio d'endettement + 1	3,42	3,37	3,40
Rentabilité financière	7,4 %	8,8 %	13,0 %

5. LES RATIOS D'EXPLOITATION

L'évolution de l'exploitation dans le temps est riche d'informations. Comment qualifier la marge commerciale sans suivre ses méandres ? Comment parler de la valeur ajoutée sans la comparer au chiffre d'affaires ? Comment évaluer l'insuffisance de l'EBE sans le rapporter à cette même toise ? Voilà pourquoi il est coutume de dresser un tableau des soldes intermédiaires de gestion ou des principales dépenses de l'entreprise (personnel, et amortissements) en pourcentage du chiffre d'affaires. Lorsque les chiffres varient apparemment peu, rien de tel qu'un graphique pour vous sensibiliser à l'évolution des faits.

Dressons donc ces ratios pour nos deux fournisseurs préférés d'électro-ménager, à partir des soldes intermédiaires de gestion de l'étude sectorielle DAFSA. Commentons quelques chiffres de ce tableau.

Groupe SEB *(source Eurostaf - DAFSA)*

Compte de résultat

En MFRF	1982	1983	1984	1985	1986	Moyennes
Chiffre d'affaires	2.461,9	2.726,0	2.980,0	3.249,9	3.465,3	2.976,6
Production	2.519,9	2.815,0	3.025,0	3.137,7	3.465,3	2.992,6
Consommat. interméd.	1.330,1	1.549,9	1.740,9	1.795,3	2.016,3	1.686,5
Valeur ajoutée	1.189,8	1.265,1	1.284,3	1.342,5	1.449,0	1.306,1
Charges de personnel	811,2	901,7	947,5	959,4	1.002,0	924,4
Excédent brut d'exp.	378,6	363,4	336,8	382,1	447,0	381,6
Dotation aux amort.	116,7	115,2	92,5	114,8	113,6	110,6
Résultat financier	- 67,2	- 60,0	- 78,5	- 127,0	- 77,5	- 82,0
Résultat exception.	0,0	0,0	0,0	0,0	0,0	0,0
Impôt sur les bénéfices	56,8	39,8	24,2	51,2	75,0	49,4
Résultat net déclaré	75,5	84,6	56,7	69,8	110,1	79,3

Compte de résultat en %

Chiffre d'affaires	100,0	100,0	100,0	100,0	100,0	100,0
Production	102,4	103,3	101,5	96,5	100,0	80,9
Consommat. interméd.	54,0	56,8	58,4	55,2	58,2	56,5
Valeur ajoutée	48,3	46,1	43,1	41,3	41,8	44,1
Charges de personnel	32,9	33,1	31,8	29,5	28,9	31,2
Excédent brut d'exp.	15,4	13,3	11,3	11,7	12,9	12,9
Dotation aux amort.	4,7	4,2	3,1	3,5	3,3	3,7
Résultat financier	- 2,7	- 2,2	- 2,6	- 3,9	- 2,2	- 2,7
Résultat exception.	0,0	0,0	0,0	0,0	0,0	0,0
Impôt sur les bénéfices	2,3	1,5	0,8	1,6	2,2	1,7
Résultat net déclaré	3,1	3,1	1,9	2,1	3,2	2,7
Autofinancement	192,2	199,8	149,2	184,6	223,7	189,9
Investissements	93,6	98,2	141,5	194,7	227,5	151,1
Effectif salarié	7.800	7.900	7.400	7.250	6.980	7.466

Moulinex (consolidé) *(source Eurostaf – DAFSA)*

Compte de résultat

En MFRF	1982	1983	1984	1985	1986	Moyennes
Chiffre d'affaires	2.744,2	2.912,2	3.327,0	3.367,0	3.370,7	3.144,2
Production	2.870,2	3.045,2	3.471,3	3.685,5	3.718,2	3.358,1
Consommat. interméd.	1.476,7	1.553,2	1.873,9	2.036,7	1.810,4	1.750,2
Valeur ajoutée	1.393,5	1.492,0	1.597,4	1.648,9	1.907,8	100,0
Charges de personnel	1.009,8	1.105,3	1.208,1	1.291,4	1.300,7	1.183,1
Excédent brut d'exp.	383,7	386,7	389,3	357,4	607,1	424,8
Dotation aux amort.	122,2	130,5	165,7	189,5	205,9	162,7
Résultat financier	– 118,1	– 122,1	– 139,9	– 118,1	– 111,2	– 121,8
Résultat exception.	– 20,4	– 13,7	– 24,5	– 63,7	– 83,7	– 41,2
Impôt sur les bénéfices	57,7	38,1	31,8	– 21,9	20,2	25,2
Résultat net déclaré	53,9	69,4	60,4	– 35,0	– 238,5	– 17,9

Compte de résultats en %

Chiffre d'affaires	100,0	100,0	100,0	100,0	100,0	100,0
Production	104,6	104,6	104,3	109,5	110,3	106,6
Consommat. interméd.	53,8	53,3	56,3	60,5	53,7	55,5
Valeur ajoutée	50,7	51,2	48,0	48,9	56,6	51,1
Charges de personnel	36,8	37,9	36,3	38,4	38,6	37,6
Excédent brut d'exp.	13,9	13,3	11,7	10,6	18,0	13,5
Dotation aux amort.	4,5	4,5	4,9	5,6	6,1	5,1
Résultat financier	– 4,3	– 4,2	– 4,2	– 3,5	– 3,3	– 3,9
Résultat exception.	– 0,7	– 0,5	– 0,7	– 1,9	– 2,5	– 1,3
Impôt sur les bénéfices	2,1	1,3	0,9	– 0,6	0,6	0,8
Résultat net déclaré	1,9	2,4	1,8	– 1,0	– 7,1	– 0,4
Autofinancement	61,0	154,0	143,0	129,0	61,0	109,4
Investissements	129,0	204,3	223,8	281,2	202,6	207,6
Effectif salarié	10.628	10.607	10.800	9.669	8.920	10.121

• SEB a une valeur ajoutée relativement moins forte (42 % du CA) que MOULINEX (57 % du CA), ce qui s'explique notamment par la politique d'intégration verticale que ce fabricant a toujours affichée.

• MOULINEX a une partie non négligeable de sa « production » non vendue. Si son résultat d'exploitation est confortable, les résultats exceptionnels de 86 ont transformé son profit en perte. Et il est bien connu que l'un des moyens d'adoucir sa perte est de ne pas sous-estimer ce qui peut entrer du bon côté du compte de résultat, sans être pour autant du chiffre d'affaires.

• Un certain tassement des marges de 83 à 84, plus marqué pour MOULINEX que pour SEB, se traduit par une décroissance du ratio EBE / chiffre d'affaires. SEB redresse la barre dès 84 alors que MOULINEX ne le fait qu'en 86.

• Une certaine sous-activité pour MOULINEX qui a comparativement plus d'amortissement que SEB (6 % contre 3 % des ventes). Cette constatation, rajoutée à l'analyse précédemment faite sur la rotation des immobilisations, confirme que les très lourds investissements réalisés par MOULINEX ne tournent pas à leur rythme de croisière.

	Groupe SEB				**Groupe MOULINEX**			
	1983	1984	1985	1986	1983	1984	1985	1986
Chiffre d'affaires	2.726	2.980	3.240	3.465	2.912	3.327	3.367	3.371
Prod. stockée	3 %	2 %	- 3 %	0 %	5 %	4 %	9 %	10 %
Production	103 %	102 %	97 %	100 %	105 %	104 %	109 %	110 %
Cons. interméd.	57 %	58 %	55 %	58 %	53 %	56 %	60 %	54 %
Valeur ajoutée	46 %	43 %	41 %	42 %	51 %	48 %	49 %	57 %
Personnel	33 %	32 %	30 %	29 %	38 %	36 %	38 %	39 %
EBE	13,3 %	11,3 %	11,9 %	12,9 %	13,3 %	11,7 %	10,6 %	18,0 %
Dotation aux amort.	4,2 %	3,1 %	3,5 %	3,3 %	4,5 %	5,0 %	5,6 %	6,1 %
Résultat d'exploitation	9,1 %	8,2 %	8,3 %	9,6 %	8,8 %	6,7 %	5,0 %	11,9 %

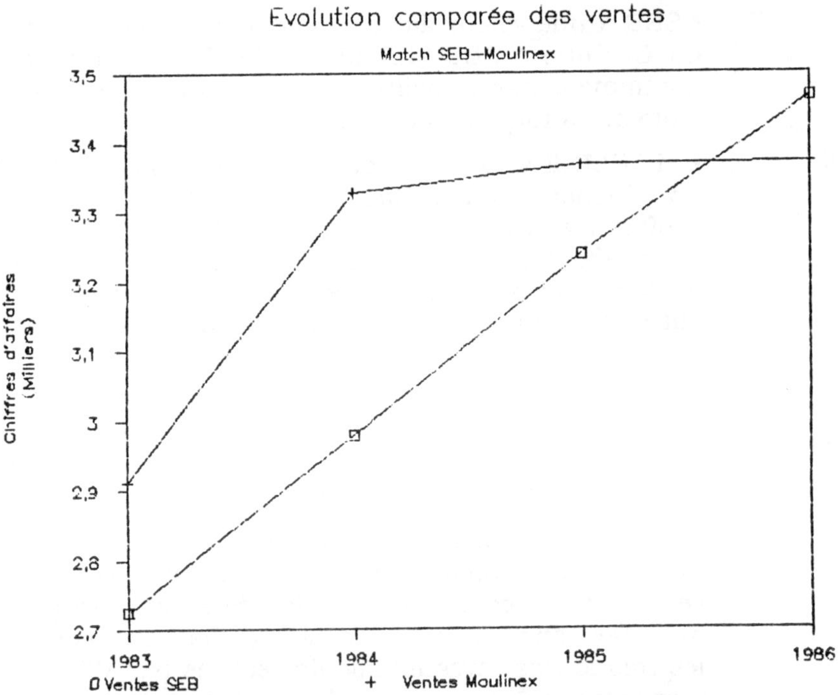

• L'évolution comparée des chiffres d'affaires, traduite par le graphique ci-après, tendrait à prouver que SEB a gagné une manche de la bataille commerciale. Mais attention aux graphiques ! Il est possible de leur faire dire beaucoup de choses, et même de les faire mentir. Voyez le tableau pour visualiser avec une autre échelle et une autre présentation le match commercial SEB-MOULINEX. Avouez que la manche n'est pas vraiment décisive !

6. LES RATIOS BOURSIERS

Nous poursuivrons notre analyse de généraliste en abordant le PER. Point n'est besoin d'être spécialiste pour entendre parler de PER (prononcer père) qui n'a bien entendu rien à voir avec son synonyme qu'est le Plan Épargne Retraite.

Le *Price Earning Ratio*, est le rapport entre le cours de l'action en Bourse et le bénéfice net par action. Il mesure combien de fois le marché financier achète un franc de bénéfice de l'entreprise.

Plus l'entreprise semblera florissante, plus on achètera cher

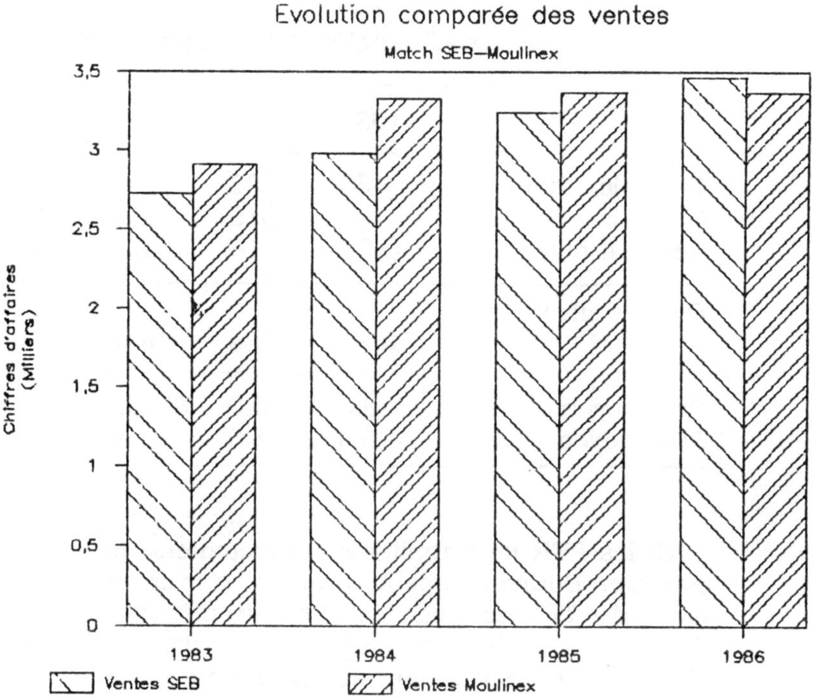

ce franc de bénéfice. Plus la société apparaîtra risquée, moins on valorisera ce même franc. Ce sont les analystes des marchés financiers qui, jaugeant d'un côté les bénéfices à venir, de l'autre les risques, déterminent le PER applicable à l'entreprise.

L'économie japonaise semble-t-elle prometteuse ? Oui disent les marchés financiers qui achètent plus de 50 yens le yen de bénéfice de l'entreprise moyenne nippone.

L'économie française a-t-elle un avenir moins rose que l'économie japonaise ? Oui répondent les bourses occidentales en payant seulement 11 francs le franc de bénéfice moyen de l'entreprise hexagonale.

Ces PER moyens de 50 et de 11 avaient cours en janvier 89. Mais s'ils sont « moyens », c'est que nombre de sociétés se situent au-dessus de la moyenne, et vraisemblablement autant en dessous.

Ainsi Cap Gemini, en très forte croissance sur le marché très porteur de l'informatique jouit d'un PER de 30. En contre-partie, Peugeot, sur le marché plus mûr de l'automobile, n'a qu'un PER de 4. Le PER de SEB, calculé ci-dessous, a évolué entre ces deux cas extrêmes.

Données financières du rapport annuel

	1983	1984	1985	1986	1987
Cours le + haut	450	525	456	791	1 050
Cours le + bas	202	315	285	367	550
Résultat net/action	35	18	23	42	58

Calculs effectués	1983	1984	1985	1986	1987
Prix moyen	326,0	420,0	370,5	579,0	800,0
PER moyen	5,8	17,5	12,4	8,7	9,5

Si les PER ne s'appliquent directement qu'aux entreprises cotées en Bourse, on peut « évaluer » une entreprise non cotée à partir des PER des sociétés cotées du même secteur. Ainsi, une des bases d'évaluation, en janvier 88, d'un fabricant non coté d'électro-ménager qui aurait gagné, en 87, 10 MF aurait été de l'ordre de

10 millions de francs x PER de SEB = 100 MF

Le PER s'utilise de manière prévisionnelle. Les quotidiens de l'économie comme *LES ÉCHOS* publient les PER des actions calculés à partir de leur bénéfice prévisionnel. Ainsi, le 2 février 89, SEB avait un PER de 12,3 alors que MOULINEX avait un PER de 10,3, cette différence pouvant d'ailleurs s'expliquer à partir des commentaires que nous avons fait ci-dessus.

Extrait des Échos

	DÉSIGNATION DES VALEURS	QUOTITÉ	COURS DE RÉFÉRENCE			ÉCART D'UN JOUR A L'AUTRE %	ESTIMATIONS		
			PRÉCÉDENT	OUVERTURE	CLÔTURE		BÉNÉFICES PAR ACTION 88	BÉNÉFICES PAR ACTION 89	PER BÉNÉ. 89
	Valeurs françaises cotées en continu								
	Lyonnaise des Eaux	25	1685	1655	**1655**	−1,78	94,35	107,05	**15,46**
M	Maisons Phénix	100	81,90	84	**82,10**	+0,24	N.S.	8	**10,26**
	Marine Wendel	50	435	431	**429**	−1,38	34,16	47,75	**8,98**
	Matra	100	284,90	282	**282,50**	−0,84	14,75	18,37	**15,38**
	Merlin – Gérin	10	3749	3750	**3860**	+2,96	238,97	277,64	**13,90**
	Metaleurop	100	127,50	128	**133**	+4,31	8		**16,63**
	Midland Bank S.A.	50	217	215	**219**	+0,92	20,23	22,80	**9,61**
	Moulinex	100	134,50	137	**137,90**	+2,53	9,90	13,43	**10,27**
N	Navigation Mixte	25	1180	1180	**1219**	+3,31	102,16	105,40	**11,57**
	Nord-Est	100	149	149	**150**	+0,67	12,61	16,65	**9,01**
	Nouvelles Galeries	50	606	615	**610**	+0,66	38,89	43,59	**13,99**
O	Occidentale (Gén.)	25	920	920	**930**	+1,09	60,96	62,87	**14,79**
	O.F.P.	10	1475	1456	**1451**	−1,63	147,73	178,50	**8,13**
	Olida et Caby	100	486,90	495	**538**	+10,49	14,76	28,33	**18,99**
	Oreal (L')	5	4249	4190	**4180**	−1,62	217,13	247,58	**16,88**
P	Paris-Réescompte	25	425	435	**439**	+3,29	39,42	45,13	**9,73**
	Pechelbronn	10	1220	1220	**1217**	−0,25	80,84	79,88	**15,24**
	Penhoët	50	418,70	419	**420**	+0,31	16,67	12	**35**
	Pechiney (CIP)		370	434	**426**	+15,14			
	Pernod-Ricard	25	1381	1376	**1400**	+1,38	78,43	88,97	**15,74**
	Poliet	10	645	645	**641**	−0,62	44,51	53,13	**12,06**
	Prétabail Sicomi	10	1056	1070	**1064**	+0,76	116,14	131,50	**8,09**
	Primagaz	25	707	712	**712**	+0,71	65,83	77,87	**9,14**
	Printemps (Au)	25	637	636	**637**		42,08	49,36	**12,91**
	Promodes	10	2811	2806	**2867**	+1,99	115,17	133,22	**21,52**
R	Radiotechnique	25	694	685	**685**	−1,30	62,71	65,76	**10,42**
	Raffin. Dist. Total Fra.	100	108,10	105	**111,30**	+2,96			
	Redoute (La)	10	3450	3450	**3465**	+0,43	180,72	216,25	**16,02**
	Rhône – Poulenc (c.i.)		555	565	**600**	+8,11			
	Roussel-Uclaf	10	1673	1675	**1676**	+0,18	71,02	85,24	**19,66**
	Roussel (c.n.i.)	10	1002	1050	**1020**	+1,80			
S	SAGEM	10	1620	1581	**1627**	+0,43	98,72	108,36	**15,01**
	Saint – Louis	25	1294	1290	**1282**	−0,93	70,03	85.84	**14,93**
	Sanofi	25	809	812	**807**	−0,25	53.26	61,91	**13,04**
	S.A.T.	50	765	765	**766**	+0,13	28.58	35,15	**21,79**
	Saulnes-Châtillon	100	317,80	317	**312**	−1,83			
	Schneider	25	680	680	**693**	+1,91	48,45	56,42	**12,28**
	SCOA	100	66	67	**66**		N.S.	2	**33**
	S.C.R.E.G.	50	736	740	**736**		64,20	72,78	**10,11**
	SEB	25	945	960	**994**	+5,19	69,38	80,66	**12,32**
	Selimeg	50	454	445	**445**	−1,98	27,02	32,25	**13,80**
	S.F.I.M.	10	1705	1700	**1696**	−0,53	104,96	121,72	**13,93**
	S.G.E.	100	206	209	**210,50**	+2,18	6,99	4,45	**47,30**
	Silic	25	740	721	**720**	−2,70	50,78	56	**12,86**
	Simco	25	527	525	**526**	−0,19	28,53	31,50	**16,70**
	Skis Rossignol	10	1130	1130	**1128**	−0,18	77,10	79,25	**14,23**
	Sligos	25	912	915	**901**	−1,21	42,98	58,68	**15,35**
	Sodexho	10	3650	3625	**3612**	−1,04	180,42	207,86	**17,38**
	Sogerap	50	358,10	358	**358,10**		24,40	26	**13,77**
	Sommer-Allibert	25	2635	2670	**2700**	+2,47	193,50	215	**12,56**
	Source Perrier	25	1735	1770	**1780**	+2,59	52,93	66,20	**26,89**
	Sovac	10	725	735	**735**	+1,38	102,10	105,93	**6,94**
	Spie Batignolles	25	512	525	**522**	+1,95	41,53	45,94	**11,36**
	Strafor (Fin.)	50	973	966	**970**	−0,31	57,10	67	**14,48**
	Synthelabo	50	485	490	**485,10**	+0,02	21,18	26,67	**18,19**
T	Talcs de Luzenac	25	1150	1150	**1150**		54,18	66	**17,69**
	Télémécanique Elect.	1	4320		**4255**	−1,50	230,67	283,49	**15,01**
	Total (Franc. Pétrol.)	50	424,50	421	**423,90**	−0,14	29,19	33,03	**12,83**
	Total (certif.)	100	91	91	**91**				
	T.R.T.	10	1241	1250	**1275**	+2,74	97,63	125,38	**10,17**
U	U.F.B. Locabail	10	449	450	**450**	+0,22	65,31	71,75	**6,27**
	U.I.C.	10	877	885	**877**		133,80	145	**6,05**
	U.I.F.	25	544	538	**544**		27,75		**19,60**
	U.I.S.	25	833	835	**836**	+0,36	67,92	72	**11,61**
	Unibail	25	718	718	**718**		59,36	69,50	**10,33**
	U.C.B.	25	192	190	**188**	−2,08	18,48		**10,17**
V	Valeo	50	630	620	**652**	+3,49	68,01	75,22	**8,67**
	Vallourec	100	354	354	**354,90**	+0,25	16,72	22	**16,13**
	Via Banque	25	360	360	**364**	+1,11	36,93	35	**10,40**
E	Elf-Gabon	25	780	779	**780**		28,23		**27,63**

Jeudi 2 février 1989

7. EXERCICE D'APPLICATION : COMPARAISON DE RATIOS D'EXPLOITATION

Vous avez ci-après les comptes de résultat comptable de deux franchiseurs de prêt-à-porter :

— PRONUPTIA.

— Alain MANOUKIAN, l'une des sociétés vedettes du Second Marché à la Bourse de Lyon.

Comparez l'exploitation de ces deux sociétés.

	Alain MANOUKIAN				PRONUPTIA			
	1984	1985	1986	1987	1983	1984	1985	1986
Chiffre d'affaires	219	356	420	415	87,9	80,9	89,4	87,4
Consommations	156	250	316	282	48,9	44,7	47,8	52,8
Autres produits	1	5	7	7				
Charges externes	15	39	20	44	17,0	14,8	19,4	22,6
Impôts et taxes	0,6	1,1	1,4	1,4	0,9	1,0	1,6	1,9
Frais de personnel	14	11	15	18	17,8	18,5	18,7	17,1
Amortissements	5	4	5	8	0,6	0,5	1,8	0,7
Provisions	1	1	3	10				
Reprise de provision				4				
Résultat financier	−5,1	−2,6	−7,8	−10,7	2,7	1,2	0,2	−7,7
Résultat courant	19	52	58	54				

	Alain MANOUKIAN				PRONUPTIA			
	1984	1985	1986	1987	1982	1983	1984	1985
Chiffre d'affaires	219	356	420	415	87,9	80,9	89,4	87,4
Cons. matière	156	250	316	282	48,9	44,7	47,8	52,8
Marge commerciale	63	105	103	134	39,0	36,2	41,6	34,6
Autres produits	1	5	7	7				
Charges externes	15	39	20	44	17,0	14,8	19,4	22,6
Valeur ajoutée	49	71	90	97	22,0	21,3	22,2	12,0
Impôts et taxes	0,6	1,1	1,4	1,4	0,9	1,0	1,6	1,9
Frais de personnel	14	11	15	18	17,8	18,5	18,7	17,1
Excédent brut d'expl.	35	59	74	79	3,3	1,7	2,0	−7,0
Amortissements	5	4	5	8	0,6	0,5	1,8	0,7
Provisions	1	1	3	10				
Résultat d'exploitation	29	54	66	61	2,7	1,2	0,2	−7,7

Comptes de résultat de PRONUPTIA en pourcentage des ventes et de la valeur ajoutée

Chiffres d'affaires	100 %	100 %	100 %	100 %
Cons. matières	56 %	55 %	53 %	60 % des ventes
Marge commerciale	44 %	45 %	47 %	40 % des ventes
Autres charges externes	19 %	18 %	22 %	26 % des ventes
Valeur ajoutée	25 %	26 %	25 %	14 % des ventes
Impôts et taxes	4 %	5 %	7 %	16 % de val. ajoutée
Frais de personnel	81 %	87 %	84 %	142 % de val. ajoutée
Excédent brut d'expl.	4 %	2 %	2 %	−8 % des ventes
Dotations	1 %	1 %	2 %	1 %
Résultat d'exploitation	3 %	2 %	0 %	−9 %

Comptes de résultat de MANOUKIAN en pourcentage des ventes et de la valeur ajoutée

Chiffres d'affaires	100 %	100 %	100 %	100 %
Consommations matières	71 %	70 %	75 %	68 %
Marge commerciale	29 %	29 %	25 %	32 %
Autres produits	0 %	1 %	2 %	2 %
Autres charges externes	7 %	11 %	5 %	11 %
Valeur ajoutée	22 %	20 %	21 %	23 %
Impôts et taxes	1 %	2 %	2 %	1 %
Personnel	29 %	15 %	17 %	19 %
Excédent brut d'exploitation	16 %	17 %	18 %	19 %
Dotations aux amortissements	2 %	1 %	1 %	2 %
Dotations aux provisions	0 %	0 %	1 %	2 %
Résultat d'exploitation	13 %	15 %	16 %	15 %

La structure des coûts des deux entreprises exerçant le même métier est extrêmement différente. Si la marge commerciale de PRONUPTIA est plus importante que celle de MANOUKIAN, cette marge commerciale est absolument réduite à néant par les autres charges externes qui réduisent la valeur ajoutée d'au moins 5 %. Enfin les frais de personnel absorbent la quasi-totalité de cette trop faible valeur ajoutée.

Nous avions constaté la dégradation très importante du bilan dès l'année 85. L'examen de ce compte de résultat où les frais de personnel représentent 80 % de la valeur ajoutée montre que le germe de la faillite était présent dès 1983.

Statistiques du CRÉDIT NATIONAL

Extrait du Bulletin du Crédit National (n° 54 - 1987)

STATISTIQUES

ÉVOLUTION DE QUELQUES RATIOS FINANCIERS
PAR SECTEURS INDUSTRIELS ET COMMERCIAUX

« A partir des chiffres fournis par la Centrale de Bilans du Crédit National, il a paru intéressant d'établir un tableau statistique retraçant secteur par secteur, l'évolution de quelques ratios caractéristiques du comportement financier des entreprises au cours des trois dernières années (1983-84-85). Le découpage de l'échantillon résulte d'un tri des entreprises répertoriées à la Centrale de Bilans afin de donner à la population choisie la meilleure cohérence économique et financière possible. Cette décomposition paraît suffisamment fine pour « situer » de façon assez significative une entreprise isolée dans l'ensemble de son secteur ; toutefois, il convient de souligner que le rapprochement de données individuelles avec des statistiques sectorielles doit toujours être effectué avec précaution. L'échantillon considéré, cette année, se compose de 68 secteurs (62 industriels et 6 commerciaux et services) ; certains secteurs suivis par la Centrale de Bilans, mais trop peu « étoffés », n'ayant pu être retenus. Les données sur certaines activités ne sont pas toujours comparables à celles publiées l'année dernière, en raison de mouvements importants d'une année sur l'autre entre les entreprises de ces secteurs, de modifications méthodologiques, ou de redéfinition des secteurs ; toutefois le cylindrage de l'échantillon assure la cohérence interne sur la période étudiée. »

RATIOS USUELS OBSERVÉS PAR LA CENTRALE DE BILANS DU CRÉDIT NATIONAL (Médiane des observations)

Nombre total d'entreprises de l'échantillon : 965
Définition des ratios :

1 - $\dfrac{\text{Production H.T. de l'année n} - \text{Production H.T. de l'année n} - 1\ (1)}{\text{Production H.T. de l'année n} - 1}$ (en %)

2 - $\dfrac{\text{Valeur ajoutée H.T.}}{\text{Production H.T.}}$ (en %)

3 - $\dfrac{\text{Valeur ajoutée H.T.}}{\text{Effectif}}$ (en milliers de francs)

4 - $\dfrac{\text{Frais de Personnel}}{\text{Valeur ajoutée H.T.}}$ (en %)

5 - $\dfrac{\text{Excédent brut d'exploitation}}{\text{Production H.T.}}$ (en %)

6 - $\dfrac{\text{Frais financiers}}{\text{Production H.T.}}$ (en %)

7 - $\dfrac{\text{Excédent brut d'exploitation}}{\text{Frais financiers}}$

8 - $\dfrac{\text{Marge brut d'autofinancement}}{\text{Production H.T.}}$ (en %)

9 - $\dfrac{\text{Investissements d'exploitation}}{\text{Production H.T.}}$ (en %)

10 - $\dfrac{\text{Endettement à terme (y compris les échéances à moins d'un an)}}{\text{Fonds propres avant répartition (2)}}$ (en %)

11 - $\dfrac{\text{Endettement à terme (y compris les échéances à moins d'un an}}{\text{Marge brute d'autofinancement}}$

12 - $\dfrac{\text{Endettement à terme (y compris les échéances à moins d'un an)}}{\text{Dette financière totale (3)}}$ (en %)

13 - $\dfrac{\text{Valeurs de roulement (y compris les effets escomptés non échus) (4)}}{\text{Production H.T.}}$ (en %)

14 - $\dfrac{\text{Fonds de roulement net}}{\text{Production H.T.}}$ (en %)

15 - Rentabilité économique : $\dfrac{\text{Excédent net d'exploitation + Produits financiers}}{\text{Capitaux mis en œuvre moyens (5)}}$ (en %)

16 - Rentabilité financière : 1/2 $\dfrac{\text{Résultat courant avant impôt}}{\text{fonds propres moyens}}$ (en %)

---

(1) Chiffre d'affaires + production immobilisée + production stockée + autres produits d'exploitation.
(2) Non compris l'incidence de la réévaluation.
(3) Endettement à terme (y compris les échéances à moins d'un an) + crédits bancaires à court terme + effets escomptés.
(4) Stocks + crédit client net (clients et comptes rattachés + effets escomptés) – crédit fournisseur net (dettes fournisseurs et comptes rattachés).
(5) Immobilisations nettes + valeurs de roulement + actifs financiers.

SECTEUR	Variation annuelle de la production H.T.			Valeur ajoutée H.T. / Production H.T.		
	1983	1984	1985	1983	1984	1985
Charcuterie industrielle	8,9	8,0	6,5	23,6	22,9	21,8
Industrie laitière	14,5	9,3	6,9	12,2	13,5	13,2
Aliments pour animaux	6,8	11,5	– 4,6	10,6	12,1	12,9
Industrie sucrière	– 0,9	6,0	2,2	25,5	24,9	25,4
Brasserie	10,9	3,5	– 3,4	34,3	35,1	32,7
Meunerie	2,8	14,5	1,9	17,0	14,6	15,2
Conserverie	8,8	13,4	3,7	25,8	25,6	24,0
Vins de champagne	35,8	2,1	18,1	29,2	30,1	35,1
Industrie de la fromagerie	12,6	6,4	4,0	16,0	18,0	19,0
Chocolaterie	16,1	16,1	5,1	36,3	26,5	23,5
Biscuiterie, biscotterie	14,2	8,7	10,5	39,5	36,4	39,0
Malterie	16,5	– 1,0	– 0,1	14,4	12,8	15,0
Moyenne sidérurgie	8,0	18,1	7,2	31,0	23,9	20,7
Première transformation de l'acier	– 0,2	14,7	2,4	29,1	25,0	25,6
Tubes d'acier	– 9,7	16,9	8,5	30,7	28,3	31,3
Fonderie de métaux ferreux	2,6	12,4	11,7	52,9	49,6	49,4
Décolletage et visserie	11,1	6,7	13,0	50,0	49,5	46,9
Mécanique générale	9,8	1,8	4,2	52,7	56,8	53,3
Matériel agricole	9,2	9,6	3,0	35,0	33,9	32,8
Machines-outils	– 5,1	3,2	10,4	58,9	51,0	52,5
Robinetterie industrielle	– 2,1	11,2	5,9	46,4	43,6	44,4
Matériels aérauliques, pompes et compresseurs	5,7	6,4	12,7	44,6	41,6	40,9
Chaudronnerie	6,1	3,8	15,2	48,6	47,0	43,4
Machines et installations pour industries diverses	14,1	8,6	8,7	44,7	43,3	42,2
Equipements pour l'automobile	2,2	12,1	7,3	47,5	48,1	43,7
Equipements aéronautiques	3,0	– 3,2	10,0	55,8	54,3	55,7
Fabrication et réparation de matériel ferroviaire	8,9	– 11,2	– 1,7	45,3	45,9	41,1
Moteurs et construction aéronautiques	1,7	– 1,7	22,0	49,2	49,1	48,9
Mécanique de précision	14,8	8,8	15,0	45,0	45,1	45,8
Engrenages et transmissions	4,9	1,0	6,5	55,4	54,4	50,9
Matériel de soudage	8,1	3,8	11,1	38,1	35,4	35,3
Outillages pour machines	– 4,3	9,4	18,0	57,4	55,3	52,7
Matériel de levage, manutention	– 2,9	– 8,3	13,4	28,5	32,0	24,0
Roulements	11,7	9,4	14,6	49,6	47,4	46,8
Matériel d'équipement électrique industriel	13,4	6,5	8,9	43,9	40,5	42,4
Fabrication de fils et câbles électriques	8,3	12,1	12,3	37,2	37,5	37,8
Appareillage pour installations électriques	7,8	3,5	14,9	39,3	41,8	42,3
Matériel télégraphique et téléphonique	5,9	24,0	9,0	49,2	45,9	48,7
Appareils de mesure et de contrôle	0,4	1,2	16,8	48,2	45,1	46,3
Matériel électronique professionnel	22,6	16,6	– 5,6	47,1	44,1	44,5
Composants passifs	14,5	15,0	11,4	50,6	51,1	50,0
Appareils ménagers	3,0	11,4	3,4	38,6	39,6	38,5
Industrie du verre	11,2	7,1	5,2	43,1	44,0	44,8
Parfumerie	11,6	16,1	13,7	42,0	37,5	34,5
Fabrication d'engrais	16,0	9,4	8,7	15,3	14,1	16,3
Chimie organique et matières plastiques	13,1	21,1	13,4	31,0	25,8	30,4
Fabrications pharmaceutiques	20,0	19,0	10,2	39,9	38,9	40,1
Industrie du coton	11,8	18,0	– 5,3	39,5	36,3	37,7
Industrie de la laine	15,6	16,7	4,3	33,1	33,5	34,5
Moulinage et tissage d'autres fibres	7,1	22,8	9,4	31,5	28,0	31,7
Industrie de la maille	16,1	5,6	9,1	53,1	50,7	45,9
Industrie de la confection	12,4	5,0	8,4	33,2	39,3	35,4
Teinture, apprêt, impression	8,6	8,3	3,5	38,0	35,9	37,1
Papiers cartons	10,2	24,0	3,9	29,3	30,0	29,1
Transformation des matières plastiques	12,8	10,5	11,1	36,7	36,7	36,5
Industrie de l'ameublement	6,8	0,8	3,8	37,9	39,2	39,2
Industrie de la chaussure	10,9	5,5	9,4	44,4	43,9	39,2
Travail mécanique du bois	8,1	7,1	3,3	29,8	31,6	34,4
Extraction de matériaux de construction	12,6	– 4,9	10,5	51,1	48,1	45,4
Chaux et ciments	1,6	3,1	3,6	40,7	40,1	41,3
Tuiles et briques	9,6	8,7	1,0	45,2	41,4	40,2
Produits en céramique	2,1	4,6	3,5	53,5	53,1	49,1
Produits en béton	2,0	– 5,9	2,1	44,3	39,9	40,3
Commerce de gros agricole et alimentaire	6,0	18,3	11,9	12,1	11,5	11,2
Commerce en gros de quincaillerie et de produits manufacturés	11,1	9,7	14,4	18,7	17,7	17,4
Commerce inter-industriel	0,4	4,7	9,8	20,3	19,6	17,4
Succursalistes	10,1	7,1	8,0	15,9	15,6	15,3
Presse, édition	6,9	10,0	6,3	32,3	30,0	31,8
Ensemble de l'industrie	9,8	9,3	6,9	37,1	36,2	35,8
Ensemble du commerce	6,9	8,8	8,5	18,0	17,9	17,2

SECTEUR	Valeur ajoutée H.T. / Effectif			Frais de personnel / Valeur ajoutée H.T.		
	1983	1984	1985	1983	1984	1985
Charcuterie industrielle	156,1	158,1	165,8	72,9	77,4	75,4
Industrie laitière	178,8	201,1	216,5	69,1	63,8	62,0
Aliments pour animaux	213,4	247,6	261,7	61,1	60,3	59,3
Industrie sucrière	301,1	304,5	342,4	52,3	56,0	51,9
Brasserie	246,5	230,9	239,0	64,3	71,0	76,1
Meunerie	238,1	254,0	275,5	62,6	60,1	57,5
Conserverie	168,3	188,8	193,1	61,7	63,3	67,8
Vins de champagne	400,5	420,3	575,9	47,1	45,2	37,9
Industrie de la fromagerie	178,4	193,9	195,0	63,5	62,2	64,8
Chocolaterie	212,8	169,4	188,2	56,1	71,4	70,2
Biscuiterie, biscotterie	155,9	175,4	186,5	70,5	72,0	70,3
Malterie	490,0	389,3	419,8	31,4	39,6	43,0
Moyenne sidérurgie	201,6	219,3	221,7	69,9	71,8	74,0
Première transformation de l'acier	162,1	169,4	197,4	76,5	74,4	71,7
Tubes d'acier	150,1	181,1	184,6	83,5	69,7	72,3
Fonderie de métaux ferreux	118,9	144,3	155,6	82,0	81,9	81,3
Décolletage et visserie	166,6	174,0	185,7	72,8	73,3	72,0
Mécanique générale	179,4	202,0	216,6	83,2	83,2	80,1
Matériel agricole	170,2	189,2	181,8	68,7	67,5	72,9
Machines-outils	165,9	192,6	200,5	82,9	86,0	72,1
Robinetterie industrielle	193,0	237,6	248,1	77,0	71,1	62,6
Matériels aérauliques, pompes et compresseurs	178,8	188,2	200,7	76,3	77,6	76,5
Chaudronnerie	149,0	159,1	185,3	83,5	84,0	84,7
Machines et installations pour industries diverses	156,1	165,6	180,3	82,1	79,5	78,1
Equipements pour l'automobile	150,5	169,1	185,2	82,6	78,4	76,1
Equipements aéronautiques	201,7	219,4	249,0	79,0	81,9	76,8
Fabrication et réparation de matériel ferroviaire	153,7	164,7	160,1	82,5	82,0	84,0
Moteurs et construction aéronautiques	227,1	236,5	266,7	78,2	79,5	79,8
Mécanique de précision	139,6	162,2	187,3	79,9	73,3	74,9
Engrenages et transmissions	158,4	180,2	184,2	78,1	83,2	81,1
Matériel de soudage	164,2	183,2	190,7	81,5	75,6	79,5
Outillages pour machines	157,1	164,6	188,0	81,8	77,6	79,0
Matériel de levage, manutention	185,0	186,7	204,5	78,6	85,7	78,2
Roulements	165,0	186,1	200,8	76,9	76,7	71,0
Matériel d'équipement électrique industriel	183,2	197,9	210,3	75,6	74,7	75,0
Fabrication de fils et câbles électriques	175,8	189,7	213,9	68,8	69,0	67,0
Appareillage pour installations électriques	162,3	182,4	202,1	68,4	66,9	66,9
Matériel télégraphique et téléphonique	169,7	183,7	200,9	75,6	78,1	79,4
Appareils de mesure et de contrôle	166,6	179,7	222,1	78,9	80,4	73,4
Matériel électronique professionnel	201,1	232,1	251,1	84,8	81,8	79,7
Composants passifs	159,2	173,6	194,1	77,8	74,8	74,6
Appareils ménagers	129,5	148,6	157,6	83,2	78,7	77,5
Industrie du verre	190,0	206,6	245,8	73,9	74,5	66,7
Parfumerie	193,3	197,6	238,9	73,7	73,9	74,4
Fabrication d'engrais	216,0	230,8	262,5	69,9	74,8	65,6
Chimie organique et matières plastiques	230,4	268,4	292,7	66,0	65,1	61,3
Fabrications pharmaceutiques	215,5	235,1	278,6	71,7	70,8	68,0
Industrie du coton	135,3	150,9	154,5	71,6	69,8	75,3
Industrie de la laine	161,1	172,9	190,5	71,1	71,6	66,1
Moulinage et tissage d'autres fibres	135,6	145,3	159,2	67,1	68,1	72,4
Industrie de la maille	131,3	131,3	140,6	71,0	73,7	74,9
Industrie de la confection	129,9	146,1	146,7	71,2	70,8	73,5
Teinture, apprêt, impression	143,9	152,2	173,0	74,0	72,4	72,1
Papiers cartons	229,0	236,9	278,3	66,1	59,7	60,3
Transformation des matières plastiques	170,6	199,5	211,3	67,1	69,9	67,7
Industrie de l'ameublement	130,8	148,5	160,3	82,8	78,1	84,3
Industrie de la chaussure	119,7	122,1	132,3	78,6	79,4	79,6
Travail mécanique du bois	152,4	174,7	188,1	72,0	73,7	70,7
Extraction de matériaux de construction	200,1	189,0	205,4	63,8	68,8	66,9
Chaux et ciments	334,0	341,4	405,4	49,8	53,2	49,1
Tuiles et briques	156,3	188,3	195,7	68,0	69,3	72,3
Produits en céramique	120,1	127,5	130,0	82,4	83,4	89,4
Produits en béton	147,9	150,2	165,4	67,0	70,4	74,3
Commerce de gros agricole et alimentaire	231,2	264,6	289,2	60,0	60,4	56,3
Commerce en gros de quincaillerie et de produits manufacturés	185,2	202,8	209,6	69,2	65,3	64,1
Commerce inter-industriel	184,8	181,2	188,2	69,6	70,2	73,7
Succursalistes	141,0	136,2	159,2	74,4	75,4	72,6
Presse, édition	240,1	282,8	295,5	75,0	73,7	65,8
Ensemble de l'industrie	176,1	190,0	204,5	72,3	72,0	71,7
Ensemble du commerce	193,9	199,2	207,3	69,8	69,5	68,7

Bulletin du Crédit National - N° 54 - 2ème trimestre 1987

SECTEUR	Excédent brut d'exploitation / Production H.T.			Frais financiers / Production H.T.		
	1983	1984	1985	1983	1984	1985
Charcuterie industrielle	4,1	4,1	3,7	1,5	1,4	1,2
Industrie laitière	2,7	3,7	4,2	1,2	1,3	1,4
Aliments pour animaux	3,7	4,2	4,1	1,9	1,9	1,8
Industrie sucrière	10,5	8,8	9,9	3,1	3,1	3,0
Brasserie	8,6	7,1	5,7	3,3	2,9	3,0
Meunerie	5,0	4,5	4,8	2,2	1,9	2,1
Conserverie	9,3	8,5	6,9	1,6	1,4	1,6
Vins de champagne	11,9	14,0	18,2	7,1	8,0	7,6
Industrie de la fromagerie	5,2	4,6	6,2	0,9	1,0	1,1
Chocolaterie	12,2	5,3	6,2	2,1	2,3	2,3
Biscuiterie, biscotterie	8,2	8,3	10,2	1,8	1,3	1,3
Malterie	8,0	5,0	5,9	2,7	3,0	2,5
Moyenne sidérurgie	6,3	5,0	3,3	2,9	2,9	3,2
Première transformation de l'acier	7,1	5,9	5,6	3,6	3,3	2,8
Tubes d'acier	3,0	6,4	7,7	5,9	4,8	4,1
Fonderie de métaux ferreux	7,5	6,2	6,2	3,8	3,2	2,8
Décolletage et visserie	11,7	7,8	9,9	2,7	2,3	2,4
Mécanique générale	6,9	6,0	6,5	2,4	2,2	3,6
Matériel agricole	8,7	9,4	8,2	3,5	3,2	3,0
Machines-outils	6,7	4,6	13,5	3,9	3,8	2,5
Robinetterie industrielle	7,9	11,4	11,6	2,3	2,0	2,3
Matériels aérauliques, pompes et compresseurs	8,8	6,9	5,9	2,8	2,6	2,2
Chaudronnerie	5,8	5,0	3,6	1,8	1,8	1,6
Machines et installations pour industries diverses	6,0	6,4	7,0	2,6	3,3	2,2
Equipements pour l'automobile	5,8	6,7	7,8	4,3	3,8	3,3
Equipements aéronautiques	9,8	6,7	10,4	4,6	3,9	3,4
Fabrication et réparation de matériel ferroviaire	4,6	7,6	4,7	2,5	3,9	1,9
Moteurs et construction aéronautiques	9,6	8,2	8,1	3,8	3,7	3,1
Mécanique de précision	8,4	9,5	9,2	1,8	2,5	1,9
Engrenages et transmissions	8,7	8,0	6,8	4,5	4,9	4,5
Matériel de soudage	5,4	6,1	5,5	3,6	3,0	2,0
Outillages pour machines	6,8	9,4	8,2	4,1	3,8	3,1
Matériel de levage, manutention	5,6	2,9	3,8	3,0	3,2	3,6
Roulements	8,8	9,4	10,2	4,7	4,5	3,8
Matériel d'équipement électrique industriel	7,6	7,5	7,2	2,5	2,7	2,0
Fabrication de fils et câbles électriques	9,2	9,3	10,1	4,2	3,4	2,7
Appareillage pour installations électriques	11,0	9,0	10,3	3,1	3,4	2,1
Matériel télégraphique et téléphonique	8,3	6,2	7,0	3,2	2,6	2,8
Appareils de mesure et de contrôle	7,3	5,6	10,5	4,5	4,7	3,2
Matériel électronique professionnel	5,3	6,7	6,7	2,3	2,4	3,1
Composants passifs	10,2	11,2	11,6	3,2	2,7	2,3
Appareils ménagers	4,8	6,5	5,8	3,2	2,7	2,8
Industrie du verre	9,3	10,9	14,6	4,7	5,0	3,7
Parfumerie	9,2	8,6	7,0	2,6	2,2	2,0
Fabrication d'engrais	4,2	2,3	4,6	1,9	1,8	1,3
Chimie organique et matières plastiques	8,9	8,2	9,4	3,4	2,8	2,1
Fabrications pharmaceutiques	9,0	8,7	10,3	3,1	2,9	2,6
Industrie du coton	9,1	9,1	5,9	3,4	3,7	3,5
Industrie de la laine	7,4	7,7	7,4	3,4	2,9	3,4
Moulinage et tissage d'autres fibres	6,5	6,4	5,7	3,0	2,8	2,9
Industrie de la maille	11,4	9,4	10,1	2,2	2,3	2,4
Industrie de la confection	9,7	8,3	7,5	2,8	2,9	2,8
Teinture, apprêt, impression	7,2	6,4	6,5	2,8	3,0	2,8
Papiers cartons	9,1	10,1	10,0	4,1	2,8	3,1
Transformation des matières plastiques	9,9	9,9	9,0	3,1	2,8	2,3
Industrie de l'ameublement	5,7	6,2	4,3	3,2	3,3	2,9
Industrie de la chaussure	8,0	7,2	6,4	2,9	3,2	3,0
Travail mécanique du bois	6,4	7,1	7,7	4,0	3,7	4,6
Extraction de matériaux de construction	14,6	11,4	10,9	2,5	3,8	4,0
Chaux et ciments	18,0	14,6	16,9	3,3	3,6	3,3
Tuiles et briques	13,3	10,4	8,3	2,9	3,0	3,1
Produits en céramique	6,2	6,2	3,4	4,2	4,2	3,8
Produits en béton	9,2	9,2	6,8	3,5	3,5	2,8
Commerce de gros agricole et alimentaire	3,5	3,1	4,5	1,7	1,7	1,5
Commerce en gros de quincaillerie et de produits manufacturés	5,8	5,9	5,1	2,2	2,1	2,2
Commerce inter-industriel	4,3	4,2	3,5	2,5	2,4	2,3
Succursalistes	3,2	3,1	3,0	0,5	0,6	0,6
Presse, édition	6,7	7,2	8,5	2,4	1,9	1,6
Ensemble de l'industrie	7,9	7,4	7,5	2,9	2,9	2,6
Ensemble du commerce	4,2	4,0	3,8	1,7	1,7	1,6

Bulletin du Crédit National - N° 54 - 2ème trimestre 1987

SECTEUR	Excédent brut d'exploitation / Frais financiers			Marge brute d'autofinancement / Production H.T.		
	1983	1984	1985	1983	1984	1985
Charcuterie industrielle	2,9	2,5	2,6	2,0	2,0	1,9
Industrie laitière	3,0	2,6	3,1	1,5	2,4	2,0
Aliments pour animaux	1,5	1,7	1,8	1,1	1,4	1,6
Industrie sucrière	3,3	3,0	3,2	7,4	5,2	5,8
Brasserie	2,5	1,6	1,6	4;1	2,7	1,1
Meunerie	2,4	2,3	2,4	2,5	2,1	2,5
Conserverie	4,4	3,8	4,1	3,9	4,3	3,9
Vins de champagne	2,0	1,6	2,4	3,7	3,1	9,3
Industrie de la fromagerie	3,6	4,5	4,0	3,4	3,1	3,2
Chocolaterie	3,8	2,5	2,2	6,5	3,2	3,0
Biscuiterie, biscotterie	5,4	3,6	6,1	3,6	4,3	4,7
Malterie	3,2	2,1	3,3	4,8	3,0	3,6
Moyenne sidérurgie	2,1	1,8	1,3	3,0	2,0	1,5
Première transformation de l'acier	1,8	1,7	2,1	2,5	2,3	3,3
Tubes d'acier	0,5	1,7	1,9	n.s.	2,6	3,3
Fonderie de métaux ferreux	2,0	1,9	2,2	3,2	3,6	2,2
Décolletage et visserie	4,9	4,0	3,9	7,7	4,0	6,1
Mécanique générale	2,3	1,9	1,6	4,7	3,4	2,5
Matériel agricole	2,6	3,3	2,6	3,9	4,1	3,8
Machines-outils	1,6	2,6	4,4	1,9	2,8	6,7
Robinetterie industrielle	3,8	4,5	2,6	3,9	5,2	5,0
Matériels aérauliques, pompes et compresseurs	2,8	2,6	2,0	4,2	5,2	4,4
Chaudronnerie	2,5	3,3	2,6	3,2	2,6	2,2
Machines et installations pour industries diverses	2,0	2,6	2,1	2,3	3,1	3,6
Equipements pour l'automobile	1,7	2,3	2,7	3,0	3,4	3,5
Equipements aéronautiques	3,1	1,5	3,1	6,6	3,3	5,4
Fabrication et réparation de matériel ferroviaire	1,3	1,5	1,9	3,2	4,2	2,7
Moteurs et construction aéronautiques	2,5	2,3	3,1	4,3	3,8	4,2
Mécanique de précision	3,0	3,1	5,4	3,8	6,1	6,4
Engrenages et transmissions	2,3	1,6	2,1	3,5	2,9	2,8
Matériel de soudage	1,5	2,1	2,9	1,4	2,1	2,2
Outillages pour machines	1,9	2,4	2,7	5,6	3,5	3,8
Matériel de levage, manutention	1,6	1,0	1,7	1,5	n.s.	1,4
Roulements	2,7	2,6	3,4	5,0	6,5	6,7
Matériel d'équipement électrique industriel	4,3	3,2	4,5	5,3	3,8	4,3
Fabrication de fils et câbles électriques	2,5	2,7	3,0	4,9	4,4	4,8
Appareillage pour installations électriques	4,4	4,4	4,4	6,5	5,3	5,4
Matériel télégraphique et téléphonique	2,8	3,5	3,0	5,4	5,4	5,3
Appareils de mesure et de contrôle	1,6	0,9	3,2	2,4	0,2	7,6
Matériel électronique professionnel	2,2	2,7	2,0	2,4	4,8	3,9
Composants passifs	2,3	3,8	4,9	4,8	7,4	6,9
Appareils ménagers	1,5	2,6	1,8	2,0	3,6	3,1
Industrie du verre	2,0	2,1	3,2	6,5	4,8	8,6
Parfumerie	2,9	3,9	3,8	5,2	6,1	5,7
Fabrication d'engrais	2,3	2,0	2,9	2,7	1,0	1,7
Chimie organique et matières plastiques	2,4	2,7	3,7	4,5	4,2	5,2
Fabrications pharmaceutiques	2,9	3,1	4,0	3,8	4,5	5,0
Industrie du coton	2,5	2,2	1,8	4,6	4,6	2,1
Industrie de la laine	2,4	2,3	2,0	4,4	3,1	2,6
Moulinage et tissage d'autres fibres	2,5	2,5	1,8	3,6	3,4	2,4
Industrie de la maille	6,8	4,9	4,4	6,2	4,9	5,6
Industrie de la confection	2,4	2,9	3,0	3,9	3,9	3,8
Teinture, apprêt, impression	2,6	1,4	1,9	4,1	2,3	2,3
Papiers cartons	2,1	2,6	2,7	4,8	5,6	4,8
Transformation des matières plastiques	3,0	3,0	3,9	4,9	5,4	5,3
Industrie de l'ameublement	1,6	1,6	1,7	1,7	2,5	1,8
Industrie de la chaussure	2,9	2,2	2,4	4,0	3,2	3,2
Travail mécanique du bois	1,6	1,7	1,5	3,3	3,2	2,8
Extraction de matériaux de construction	6,1	3,1	4,0	5,8	6,5	7,5
Chaux et ciments	3,9	5,0	4,6	10,4	8,8	10,3
Tuiles et briques	4,1	3,4	2,4	9,0	7,0	5,9
Produits en céramique	1,5	1,5	1,4	2,3	1,5	1,2
Produits en béton	2,7	2,1	2,4	4,8	3,5	4,1
Commerce de gros agricole et alimentaire	1,9	2,3	2,7	1,3	1,3	1,6
Commerce en gros de quincaillerie et de produits manufacturés	2,1	1,7	2,3	2,1	1,8	2,0
Commerce inter-industriel	1,7	1,9	1,7	1,0	2,3	1,4
Succursalistes	6,2	6,4	4,8	2,2	2,2	2,1
Presse, édition	2,3	3,7	3,5	3,7	3,9	4,8
Ensemble de l'industrie	2,5	2,5	2,7	3,9	3,7	3,8
Ensemble du commerce	2,4	2,5	2,7	2,1	2,2	2,0

Bulletin du Crédit National - N° 54 - 2ème trimestre 1987

SECTEUR	Investissements / Production H.T.			Endettement à terme / Fonds propres et assimilés		
	1983	1984	1985	1983	1984	1985
Charcuterie industrielle	2,0	1,8	1,7	79,9	88,3	79,2
Industrie laitière	2,4	2,6	2,6	88,7	90,8	76,9
Aliments pour animaux	1,0	1,0	1,0	99,3	94,1	94,3
Industrie sucrière	4,6	5,7	4,2	46,9	52,2	52,6
Brasserie	6,3	8,5	6,5	132,9	213,7	86,8
Meunerie	1,8	2,2	2,2	52,5	46,4	68,3
Conserverie	2,4	2,8	3,0	34,0	38,0	42,1
Vins de champagne	2,2	3,9	2,3	56,5	50,1	42,8
Industrie de la fromagerie	2,3	2,2	2,4	38,1	39,5	36,1
Chocolaterie	3,5	2,2	3,0	25,8	33,4	30,1
Biscuiterie, biscotterie	2,7	4,4	3,9	37,4	35,8	37,2
Malterie	1,5	2,7	0,8	31,1	30,5	31,2
Moyenne sidérurgie	3,1	4,2	2,7	49,8	46,1	38,4
Première transformation de l'acier	1,5	1,7	2,2	46,5	25,3	21,9
Tubes d'acier	1,4	1,1	2,1	26,4	23,0	71,1
Fonderie de métaux ferreux	1,9	1,9	3,4	57,5	51,2	83,0
Décolletage et visserie	5,8	6,4	3,0	61,8	63,3	68,7
Mécanique générale	1,8	3,6	2,9	99,0	78,3	94,2
Matériel agricole	2,8	2,6	2,8	32,8	31,3	35,5
Machines-outils	3,0	3,9	4,7	210,1	123,0	65,8
Robinetterie industrielle	2,4	2,2	4,3	22,2	21,3	18,1
Matériels aérauliques, pompes et compresseurs	3,4	3,3	2,7	52,1	52,3	45,8
Chaudronnerie	1,6	2,4	2,3	28,3	30,5	38,1
Machines et installations pour industries diverses	1,9	1,6	1,8	27,9	43,1	30,3
Equipements pour l'automobile	3,1	3,2	3,6	57,4	69,7	42,0
Equipements aéronautiques	8,0	5,2	5,2	71,6	60,1	68,2
Fabrication et réparation de matériel ferroviaire	1,1	1,4	1,7	34,1	32,0	39,4
Moteurs et construction aéronautiques	3,3	3,8	4,7	50,9	58,5	63,4
Mécanique de précision	2,8	4,3	3,6	37,2	31,8	28,2
Engrenages et transmissions	3,2	5,8	3,0	75,7	42,2	34,3
Matériel de soudage	1,1	0,6	1,3	45,9	25,5	23,6
Outillages pour machines	4,1	2,1	2,4	46,6	42,8	60,2
Matériel de levage, manutention	2,0	1,5	1,2	54,5	55,1	46,2
Roulements	6,5	4,3	4,9	147,5	125,6	93,1
Matériel d'équipement électrique industriel	2,6	3,3	3,6	38,6	30,3	44,5
Fabrication de fils et câbles électriques	3,6	4,0	3,5	42,7	40,2	32,8
Appareillage pour installations électriques	5,2	3,7	4,9	41,7	40,7	36,2
Matériel télégraphique et téléphonique	4,5	4,6	5,0	31,0	40,0	51,1
Appareils de mesure et de contrôle	4,2	3,8	5,0	43,5	69,1	64,6
Matériel électronique professionnel	3,6	3,9	3,9	13,3	61,6	44,0
Composants passifs	4,8	4,7	4,1	43,9	38,9	36,7
Appareils ménagers	3,5	3,9	4,7	39,8	38,5	33,7
Industrie du verre	5,2	5,8	5,2	98,6	51,8	28,7
Parfumerie	2,6	3,9	3,0	42,2	32,1	34,3
Fabrication d'engrais	1,0	1,7	2,1	39,3	35,2	31,0
Chimie organique et matières plastiques	2,7	3,2	3,9	36,6	28,3	31,0
Fabrications pharmaceutiques	3,8	3,5	3,5	27,2	42,5	40,2
Industrie du coton	5,4	4,4	4,2	43,0	52,6	38,5
Industrie de la laine	3,0	4,1	3,5	64,0	55,7	61,7
Moulinage et tissage d'autres fibres	3,4	3,2	3,5	44,6	41,8	54,6
Industrie de la maille	2,9	3,2	2,7	22,8	29,9	32,8
Industrie de la confection	2,4	1,9	1,3	29,1	38,4	36,7
Teinture, apprêt, impression	3,5	5,4	3,3	47,5	65,4	51,8
Papiers cartons	4,1	4,1	4,5	65,6	62,4	74,7
Transformation des matières plastiques	4,4	4,7	5,0	70,2	64,6	62,1
Industrie de l'ameublement	1,7	1,6	2,5	64,8	100,3	53,8
Industrie de la chaussure	2,8	3,1	2,5	35,0	42,8	40,5
Travail mécanique du bois	2,8	3,9	2,6	35,4	41,1	40,1
Extraction de matériaux de construction	7,7	6,4	6,4	30,5	58,5	54,4
Chaux et ciments	4,2	4,0	4,1	61,8	51,5	49,1
Tuiles et briques	4,8	4,9	4,2	51,2	41,0	41,2
Produits en céramique	1,7	2,6	2,4	42,4	40,3	46,3
Produits en béton	2,9	3,7	4,5	80,9	97,5	82,0
Commerce de gros agricole et alimentaire	2,1	1,0	0,9	62,8	51,6	50,3
Commerce en gros de quincaillerie et de produits manufacturés	1,0	0,8	1,3	37,2	37,2	29,5
Commerce inter-industriel	1,1	1,3	1,0	31,5	43,0	37,0
Succursalistes	1,8	1,4	2,1	31,4	33,8	29,9
Presse, édition	0,9	1,2	1,1	55,3	32,2	36,3
Ensemble de l'industrie	3,0	3,2	3,3	47,5	47,3	45,0
Ensemble du commerce	1,2	1,2	1,2	37,2	40,4	33,1

Bulletin du Crédit National - N° 54 - 2ème trimestre 1987

SECTEUR	Endettement à terme / Marge brute d'autofinancement			Endettement à terme / Dette financière totale		
	1983	1984	1985	1983	1984	1985
Charcuterie industrielle	228,2	265,3	204,1	41,4	46,9	47,3
Industrie laitière	218,5	207,5	244,7	50,9	49,3	43,2
Aliments pour animaux	298,3	275,2	330,8	24,4	26,1	29,7
Industrie sucrière	136,3	184,9	218,6	40,9	33,8	40,0
Brasserie	140,8	109,2	99,4	34,5	33,1	37,2
Meunerie	211,0	243,7	233,3	30,0	30,3	33,5
Conserverie	108,6	139,0	170,8	26,9	26,3	26,8
Vins de champagne	574,0	607,0	274,2	58,0	42,5	38,0
Industrie de la fromagerie	140,2	104,0	136,8	38,6	35,0	42,0
Chocolaterie	127,1	172,3	145,6	23,4	25,6	26,0
Biscuiterie, biscotterie	84,0	131,7	105,7	48,4	51,5	45,7
Malterie	103,1	183,7	174,3	24,3	29,5	29,9
Moyenne sidérurgie	231,6	331,7	175,9	34,5	29,3	28,9
Première transformation de l'acier	134,2	116,6	128,3	26,8	21,2	22,0
Tubes d'acier	n.s.	151,2	128,5	29,1	22,6	23,6
Fonderie de métaux ferreux	159,9	199,9	350,4	34,9	30,8	41,7
Décolletage et visserie	149,5	211,9	170,0	55,8	43,3	45,0
Mécanique générale	236,0	137,6	143,8	37,0	35,7	25,6
Matériel agricole	112,9	141,2	159,9	34,8	29,2	33,7
Machines-outils	428,9	145,3	151,2	36,9	57,8	40,7
Robinetterie industrielle	52,5	117,5	102,7	12,7	29,7	31,4
Matériels aérauliques, pompes et compresseurs	209,9	182,4	155,5	38,7	40,4	30,4
Chaudronnerie	108,7	120,2	210,9	41,4	37,5	41,0
Machines et installations pour industries diverses	166,3	172,2	166,2	19,8	31,1	26,5
Equipements pour l'automobile	168,5	196,4	245,5	32,3	35,5	43,8
Equipements aéronautiques	206,2	189,4	202,8	29,8	32,8	31,9
Fabrication et réparation de matériel ferroviaire	151,7	104,5	43,6	9,3	5,8	11,2
Moteurs et construction aéronautiques	204,4	161,7	200,6	24,2	26,1	26,5
Mécanique de précision	146,1	121,0	107,1	41,7	45,9	47,4
Engrenages et transmissions	245,2	374,4	278,7	28,0	29,0	35,6
Matériel de soudage	178,4	185,0	166,3	27,3	24,3	21,8
Outillages pour machines	182,6	143,5	207,4	46,8	34,2	22,1
Matériel de levage, manutention	409,1	n.s.	183,6	22,2	22,0	18,0
Roulements	167,2	139,7	195,1	38,6	36,8	44,6
Matériel d'équipement électrique industriel	117,3	119,7	136,4	28,3	24,3	35,6
Fabrication de fils et câbles électriques	128,0	176,3	197,4	37,6	33,9	32,8
Appareillage pour installations électriques	180,1	176,7	112,9	40,8	38,4	37,0
Matériel télégraphique et téléphonique	81,2	133,8	167,1	25,9	33,4	42,1
Appareils de mesure et de contrôle	95,2	155,0	115,2	17,7	32,9	44,4
Matériel électronique professionnel	48,5	43,0	49,5	26,1	24,1	26,8
Composants passifs	162,3	142,9	141,8	31,2	29,2	36,1
Appareils ménagers	118,4	113,0	137,8	32,4	32,0	30,5
Industrie du verre	159,6	134,5	118,9	44,5	39,5	43,5
Parfumerie	102,7	111,3	103,8	34,7	34,6	42,4
Fabrication d'engrais	200,1	130,8	168,8	48,4	31,2	32,9
Chimie organique et matières plastiques	109,6	121,0	98,5	26,9	22,0	31,6
Fabrications pharmaceutiques	151,0	149,3	92,5	38,1	40,7	43,6
Industrie du coton	167,1	164,5	255,5	33,4	29,1	30,5
Industrie de la laine	169,3	164,6	315,2	30,9	30,6	33,0
Moulinage et tissage d'autres fibres	168,5	146,5	194,3	31,4	37,1	29,6
Industrie de la maille	89,4	116,3	78,5	32,9	35,6	38,8
Industrie de la confection	110,6	102,1	178,5	39,9	29,6	29,3
Teinture, apprêt, impression	190,0	240,5	279,5	28,4	26,4	30,2
Papiers cartons	214,3	141,0	167,6	39,3	39,1	39,2
Transformation des matières plastiques	170,4	156,6	141,6	39,5	35,6	42,0
Industrie de l'ameublement	268,0	444,5	401,1	53,3	45,9	38,6
Industrie de la chaussure	146,5	163,2	231,2	31,0	33,5	36,8
Travail mécanique du bois	309,6	252,3	333,4	39,2	33,1	25,5
Extraction de matériaux de construction	92,7	321,2	167,8	38,2	51,9	49,8
Chaux et ciments	123,2	130,8	132,1	54,3	50,9	52,0
Tuiles et briques	157,3	159,8	183,0	55,0	51,1	42,8
Produits en céramique	181,6	246,3	160,5	33,5	30,9	32,7
Produits en béton	206,1	283,4	292,2	54,7	51,4	46,2
Commerce de gros agricole et alimentaire	204,3	266,1	219,4	25,8	30,5	26,1
Commerce en gros de quincaillerie et de produits manufacturés	170,7	123,6	168,8	26,0	20,9	16,8
Commerce inter-industriel	162,3	171,7	136,6	17,2	19,5	17,6
Succursalistes	141,7	135,7	133,7	60,4	48,9	43,8
Presse, édition	208,4	164,5	136,4	30,6	25,6	25,9
Ensemble de l'industrie	152,4	161,2	169,1	35,5	33,9	36,1
Ensemble du commerce	155,5	143,6	148,1	31,9	29,0	25,8

Bulletin du Crédit National - N° 54 - 2ème trimestre 1987

SECTEUR	Valeurs fonds de roulement / Production H.T.			Fonds de roulement / Production H.T.		
	1983	1984	1985	1983	1984	1985
Charcuterie industrielle	8,7	10,7	8,2	4,0	5,0	4,9
Industrie laitière	5,3	5,3	5,8	2,2	1,9	3,2
Aliments pour animaux	12,0	10,2	11,8	3,1	2,9	3,0
Industrie sucrière	25,6	27,9	25,0	10,9	12,6	14,8
Brasserie	8,0	10,6	11,4	4,7	2,5	6,5
Meunerie	15,0	14,7	15,8	4,1	4,7	5,4
Conserverie	26,0	30,7	29,4	13,8	16,0	18,5
Vins de champagne	105,3	109,7	108,8	81,4	80,4	73,6
Industrie de la fromagerie	9,8	11,5	12,0	6,3	7,5	5,6
Chocolaterie	23,3	24,7	27,1	9,0	12,9	12,3
Biscuiterie, biscotterie	13,3	16,9	15,8	7,0	8,7	11,1
Malterie	24,9	28,2	22,4	13,8	15,8	17,7
Moyenne sidérurgie	21,6	21,0	25,4	14,8	10,6	5,8
Première transformation de l'acier	25,3	23,8	25,7	9,3	12,7	13,7
Tubes d'acier	34,1	39,5	35,2	16,8	15,1	14,4
Fonderie de métaux ferreux	21,5	24,1	21,6	9,9	11,4	13,4
Décolletage et visserie	23,6	23,7	22,6	13,7	14,3	13,5
Mécanique générale	15,3	17,8	25,1	4,3	1,7	5,0
Matériel agricole	33,1	29,6	27,9	22,6	19,7	20,4
Machines-outils	32,0	27,1	17,5	11,6	10,8	11,8
Robinetterie industrielle	35,6	34,8	36,0	18,3	20,3	27,5
Matériels aérauliques, pompes et compresseurs	28,5	27,7	23,9	17,5	19,8	16,8
Chaudronnerie	18,4	18,3	16,7	11,6	12,6	10,1
Machines et installations pour industries diverses	23,7	24,6	21,8	11,4	14,3	14,2
Equipements pour l'automobile	22,7	22,9	20,8	7,3	10,8	11,0
Equipements aéronautiques	43,6	39,6	35,7	23,7	24,7	24,2
Fabrication et réparation de matériel ferroviaire	26,0	45,3	24,8	7,8	10,4	10,4
Moteurs et construction aéronautiques	37,6	40,3	40,7	21,6	21,8	23,7
Mécanique de précision	27,8	29,7	29,5	17,3	20,3	23,2
Engrenages et transmissions	36,3	36,5	34,1	15,5	12,7	14,4
Matériel de soudage	31,5	28,0	30,8	16,6	21,2	20,8
Outillages pour machines	29,3	27,5	32,3	16,3	16,1	14,3
Matériel de levage, manutention	36,1	40,6	35,2	16,0	14,9	10,5
Roulements	41,4	38,6	31,9	16,0	14,4	19,9
Matériel d'équipement électrique industriel	28,6	29,6	26,3	12,7	14,4	16,5
Fabrication de fils et câbles électriques	34,0	32,2	29,4	19,1	20,5	20,7
Appareillage pour installations électriques	31,9	32,8	28,3	16,2	16,9	18,8
Matériel télégraphique et téléphonique	24,0	27,2	30,0	12,5	13,8	19,0
Appareils de mesure et de contrôle	39,8	40,4	29,1	9,6	20,7	22,0
Matériel électronique professionnel	18,7	23,6	24,1	14,7	12,7	16,5
Composants passifs	31,5	34,4	33,6	14,5	16,3	18,7
Appareils ménagers	26,5	26,2	26,1	16,7	14,6	14,5
Industrie du verre	30,7	30,4	26,5	16,3	14,4	16,8
Parfumerie	31,0	29,3	27,2	20,4	20,4	23,5
Fabrication d'engrais	8,6	11,5	13,6	3,7	4,6	4,9
Chimie organique et matières plastiques	25,0	26,6	23,7	12,2	14,3	14,6
Fabrications pharmaceutiques	21,9	20,4	20,3	11,3	10,8	12,3
Industrie du coton	28,9	29,2	28,5	16,3	15,3	17,9
Industrie de la laine	25,5	26,5	29,0	15,9	14,3	15,7
Moulinage et tissage d'autres fibres	26,5	26,9	25,5	13,4	13,9	14,8
Industrie de la maille	29,5	33,3	34,2	20,9	22,5	21,2
Industrie de la confection	25,2	26,3	23,0	20,0	18,1	15,9
Teinture, apprêt, impression	25,3	27,6	23,4	14,8	11,6	12,1
Papiers cartons	25,4	24,0	25,3	9,4	12,2	12,4
Transformation des matières plastiques	18,3	22,6	21,1	12,1	14,8	14,1
Industrie de l'ameublement	20,5	21,8	24,6	11,6	10,7	12,1
Industrie de la chaussure	21,2	22,8	25,1	11,9	12,8	12,1
Travail mécanique du bois	27,4	28,0	34,9	13,3	14,5	11,4
Extraction de matériaux de construction	25,0	29,5	28,0	15,1	21,2	16,3
Chaux et ciments	26,3	25,8	25,8	14,5	19,6	21,2
Tuiles et briques	23,6	26,1	28,7	14,5	17,4	15,4
Produits en céramique	32,6	30,1	33,3	9,3	12,0	11,5
Produits en béton	20,0	21,6	19,9	11,7	15,8	11,8
Commerce de gros agricole et alimentaire	16,1	10,7	14,4	6,1	4,0	4,8
Commerce en gros de quincaillerie et de produits manufacturés	16,2	16,8	17,5	9,0	8,2	9,0
Commerce inter-industriel	22,2	23,1	20,6	6,2	7,5	7,0
Succursalistes	– 0,7	0,5	0,5	1,0	0,5	1,0
Presse, édition	19,0	23,3	29,0	19,3	21,3	23,0
Ensemble de l'industrie	24,7	25,4	24,4	13,0	13,4	14,1
Ensemble du commerce	13,5	14,1	13,8	6,2	5,7	6,6

Bulletin du Crédit National – N° 54 – 2ème trimestre 1987

SECTEUR	Rentabilité économique			Rentabilité financière		
	1983	1984	1985	1983	1984	1985
Charcuterie industrielle	15,3	13,3	12,2	7,4	7,3	5,9
Industrie laitière	10,6	11,7	13,4	3,6	3,8	6,8
Aliments pour animaux	13,5	12,7	13,9	7,0	3,9	8,1
Industrie sucrière	12,6	9,4	9,9	6,6	3,5	5,4
Brasserie	10,2	4,6	1,1	– 1,8	– 11,5	– 20,1
Meunerie	13,9	12,2	11,6	6,2	5,7	6,4
Conserverie	18,4	17,7	10,1	13,3	13,6	5,7
Vins de champagne	8,9	10,5	15,5	3,5	4,6	9,1
Industrie de la fromagerie	19,1	18,6	13,8	12,9	11,8	8,2
Chocolaterie	23,2	8,6	7,3	15,6	6,5	2,9
Biscuiterie, biscotterie	32,1	22,7	21,3	26,1	15,8	15,0
Malterie	17,5	10,7	13,1	11,5	3,7	9,2
Moyenne sidérurgie	10,9	10,2	5,7	5,0	4,8	– 2,1
Première transformation de l'acier	11,2	9,3	15,1	4,5	3,2	4,2
Tubes d'acier	0,3	9,2	7,3	– 9,2	– 6,0	13,9
Fonderie de métaux ferreux	7,2	7,6	6,8	– 2,3	2,7	0,8
Décolletage et visserie	14,2	13,3	15,1	10,3	5,8	11,7
Mécanique générale	14,1	11,4	13,7	10,0	1,1	1,9
Matériel agricole	17,8	20,9	13,1	14,9	15,9	6,8
Machines-outils	7,2	9,0	24,5	– 8,9	0,6	15,6
Robinetterie industrielle	18,9	21,9	20,6	10,1	16,4	14,9
Matériels aérauliques, pompes et compresseurs	12,8	8,8	9,4	5,8	3,4	4,1
Chaudronnerie	10,9	14,4	10,0	4,0	9,2	3,2
Machines et installations pour industries diverses	13,9	12,5	13,3	4,3	5,4	6,2
Equipements pour l'automobile	8,6	10,3	12,5	– 0,7	2,5	5,5
Equipements aéronautiques	8,1	6,7	8,2	0,6	0,3	1,1
Fabrication et réparation de matériel ferroviaire	4,1	3,8	3,9	2,9	1,3	0,0
Moteurs et construction aéronautiques	13,5	10,6	12,3	6,8	3,1	10,8
Mécanique de précision	9,7	10,5	11,9	4,7	4,5	7,3
Engrenages et transmissions	13,3	8,6	8,3	6,0	3,4	3,1
Matériel de soudage	6,4	10,5	8,2	1,9	4,5	6,0
Outillages pour machines	10,5	8,7	11,8	1,2	2,0	6,1
Matériel de levage, manutention	12,3	4,8	8,9	6,7	– 2,2	1,7
Roulements	8,9	8,1	10,9	1,8	– 0,6	4,9
Matériel d'équipement électrique industriel	17,4	13,1	15,4	11,6	10,6	11,2
Fabrication de fils et câbles électriques	10,7	11,2	15,1	3,9	5,6	7,8
Appareillage pour installations électriques	16,7	15,1	17,0	11,3	9,0	14,1
Matériel télégraphique et téléphonique	16,3	13,6	8,9	11,4	9,7	4,5
Appareils de mesure et de contrôle	10,6	5,2	23,4	– 4,7	– 19,4	14,2
Matériel électronique professionnel	8,5	13,1	13,3	1,8	6,7	6,4
Composants passifs	13,8	14,0	16,0	3,8	10,5	12,9
Appareils ménagers	7,2	8,8	8,2	– 1,6	3,4	0,1
Industrie du verre	7,5	8,6	14,8	– 2,3	3,4	9,7
Parfumerie	15,9	16,6	17,6	9,2	11,4	10,7
Fabrication d'engrais	6,0	5,1	10,1	0,1	– 1,0	4,9
Chimie organique et matières plastiques	14,9	15,6	16,9	7,0	7,0	11,5
Fabrications pharmaceutiques	16,2	15,6	17,3	9,9	9,7	11,9
Industrie du coton	10,4	12,8	7,7	2,5	7,2	0,0
Industrie de la laine	10,2	14,5	11,5	6,1	8,7	3,5
Moulinage et tissage d'autres fibres	11,1	11,9	9,9	4,0	5,5	3,6
Industrie de la mailie	29,8	20,1	23,0	25,1	13,6	12,9
Industrie de la confection	25,5	24,6	16,0	15,2	12,9	8,6
Teinture, apprêt, impression	12,0	8,7	9,8	2,6	0,7	3,6
Papiers cartons	14,3	17,4	17,7	3,8	11,0	10,7
Transformation des matières plastiques	16,8	14,1	17,0	11,2	8,5	13,3
Industrie de l'ameublement	13,4	10,2	9,3	2,4	1,8	0,8
Industrie de la chaussure	19,0	11,8	11,8	11,8	4,9	4,1
Travail mécanique du bois	9,9	10,8	9,8	2,2	1,2	2,3
Extraction de matériaux de construction	14,4	8,3	9,6	8,9	3,9	5,1
Chaux et ciments	13,6	14,3	15,5	8,6	11,0	12,4
Tuiles et briques	7,3	8,1	3,9	1,5	0,6	– 1,8
Produits en céramique	6,4	5,5	3,8	– 1,2	– 0,9	– 1,1
Produits en béton	13,3	11,7	9,0	4,8	0,0	3,2
Commerce de gros agricole et alimentaire	15,9	13,4	13,4	7,9	6,0	8,9
Commerce en gros de quincaillerie et de produits manufacturés	18,6	16,9	18,5	11,5	9,0	14,5
Commerce inter-industriel	14,1	10,1	12,1	4,9	4,2	2,7
Succursalistes	16,5	12,1	14,7	10,3	10,0	9,7
Presse, édition	20,2	25,1	24,6	13,3	19,6	18,4
Ensemble de l'industrie	13,0	12,1	11,8	6,3	5,6	6,2
Ensemble du commerce	16,1	13,5	14,0	9,8	8,4	8,9

Bulletin du Crédit National - N° 54 - 2ème trimestre 1987

CHAPITRE 11

EXERCICE DE SYNTHÈSE

La Société MARTELL-RÉMY
Fabricant de boîtes en carton à Cognac (Charente)

Vous avez ci-dessous les comptes de la Société Martell-Rémy, qui fabrique de magnifiques emballages en carton imprimé et gaufré pour une clientèle essentiellement constituée de négociants en Cognac. Une très bonne clientèle d'ailleurs qui se plaint de ne pas pouvoir se fournir suffisamment auprès de Martell-Rémy.

La société est familiale. Ses actionnaires, par ailleurs propriétaires d'une très importante et très prospère maison de négoce, avaient confié la gestion de cette petite société à leur cousin Alphonse M., qui vient de prendre une retraite bien méritée à l'âge de 75 ans. Alphonse M. vous a demandé de faire un diagnostic de « son » dernier bilan, et de le présenter à la prochaine réunion du conseil de famille.

Actif au	31/12/87	31/12/88
Immob. Br.	3.740	4.020
Amortis.	3.260	3.580
Immos Nettes	480	440
Stocks	2.800	3.200
Clients	2.480	2.240
Autres créances	440	320
Disponibilité	680	240
	6.400	6.000

Passif au	31/12/87	31/12/88
Fonds propres	1.320	1.440
Dettes financ. (6)	800	880
Fournisseurs	1.880	1.560
Autres dettes	2.880	2.560
	6.880	6.440

Extraits du compte de résultat

Chiffre d'affaires	17.600	20.480
Amortissements	240	320
Résultat net	140	200

Détails autres dettes

Compte courant	1.520	1.520

Détail dettes financières (6)

Découvert	800	880

Vous avez constaté une certaine vétusté des immobilisations : elles sont amorties à 3 580 / 4.020 donc à près de 90 %. Une telle vétusté, si elle se maintenait, serait synonyme de condamnation à mort de l'entreprise, aussi avez-vous consulté des techniciens de l'emballage qui vous ont proposé pour 1 MF un nouvel équipement parfaitement performant.

Enfin, vous vous êtes procuré contre 60 francs le tableau de bord des sociétés publié par le très sérieux et très officiel INSEE, dont la page 45 est ci-après.

T22 IMPRIMERIE PRESSE EDITION

U06 BIENS DE CONSOMMATION COURANTE

MILLIONS F , INDICES EN MILLIEMES

E M P L O I S	1984	INDICE 85	INDICE 86	R E S S O U R C E S	1984	INDICE 85	INDICE 86
C O M P T E D E P R O D U C T I O N							
CONSOMMATIONS INTERMEDIAIRES	55975	1078	1080	PRODUCTION	93651	1084	1082
DONT ACHATS CONSOMMES	21308	980	994	DONT PRODUCTION VENDUE	87835	1061	1087
DONT AUT. ACHATS ET CH. EXT.	34153	1159	1117	DONT PRODUCTION STOCKEE	427	1002	1156
				DONT PRODUCTION IMMOBILISEE	218	1124	1075
VALEUR AJOUTEE BRUTE (SI)	37676	1094	1085				
T O T A L	93651	1084	1082	T O T A L	93651	1084	1082
C O M P T E D ' E X P L O I T A T I O N							
FRAIS DE PERSONNEL	29784	1087	1057	VALEUR AJOUTEE BRUTE (SI)	37676	1094	1085
DONT SALAIRES BRUTS	21580	1085	1053				
DONT CHARGES SOCIALES	8204	1090	1067	SUBVENTIONS D'EXPLOITATION	152	1411	841
IMPOTS ET TAXES	1399	1127	1171				
EXCEDENT BRUT D'EXPLOITATION	6645	1127	1161				
T O T A L	37828	1095	1084	T O T A L	37828	1095	1084
C O M P T E D E R E P A R T I T I O N							
CHARGES FINANCIERES	1795	1117	1027	EXCEDENT BRUT D'EXPLOITATION	6645	1127	1161
AUTRES CHARGES COURANTES	2040	1399	1136	PRODUITS FINANCIERS	1350	1082	1065
OPERATIONS EN COMMUN (DEBIT)	156	1381	1337	AUTRES PRODUITS COURANTS	1091	1235	1142
				OPERATIONS EN COMMUN (CREDIT)	131	2969	1020
PROFIT BRUT COURANT AVANT IMPOT	5226	1076	1166				
IMPOT SUR LES SOCIETES	1465	1131	1075	PROFIT BRUT COUR. AVANT IMPOT	5226	1076	1166
PARTICIPATION DES SALARIES	104	1117	1364	PRODUITS-CHARGES EXCEPTIONNELS	-255	578	618
CAPACITE D'AUTOFINANCEMENT	3402	1086	1266				
DIVIDENDES DISTRIBUES	930	1096	831	CAPACITE D'AUTOFINANCEMENT	3402	1086	1266
AUTOFINANCEMENT BRUT	2472	1082	1515				
. . . H O R S C O M P T E S . . .							
EFFECTIFS	183386	1007	987	NOMBRE D'ENTREPRISES	8321	1041	1000
VARIATION DE STOCKS	1127	243	1364	INVESTISSEMENTS	3018	1028	1271
PRODUCTION ET VENTE A L'EXPORT	6381	1070	1012	CESSIONS	1013	1292	725

MILLIONS F , INDICES EN MILLIEMES

BILAN

ACTIF	1984	INDICE 85	INDICE 86
** TOTAL IMMOBILISATIONS **	18878	1090	1082
IMMOBILISATIONS INCORPORELLES	3004	996	1057
DONT FRAIS RECH. ET DEVELOP.	51	1490	1292
DONT CONC., BREVETS, LICENCES	78	2315	1374
- AMORTISSEMENTS ET PROVISIONS	1035	952	1094
IMMOBILISATIONS CORPORELLES	20500	1085	1094
DONT CONSTRUCTIONS	4409	1098	1059
DONT INST. TECH. MAT. OUTIL.	14791	1088	1123
- AMORTISSEMENTS ET PROVISIONS	11044	1090	1117
IMMOBILISATIONS FINANCIERES	8535	1116	1092
DONT PART. ET CREAN. RATTACH.	6852	1135	1105
- PROVISIONS	1082	1065	1034
** TOTAL ACTIF CIRCULANT **	40928	1095	1161
STOCKS BRUTS	8485	1056	1043
- PROVISIONS	1381	1200	1095
CREDITS COMMERCIAUX (1)	22419	1100	1083
AUTRES CREANCES (2)	5967	1131	1147
DISPONIBILITES (3)	7361	1148	1422
DONT VAL. MOB. DE PLACEMENT	2542	1497	1202
- PROVISIONS SUR (1)(2)(3)	1923	1222	1104
COMPTES DE REGUL. ACTIF (NETS)	705	1530	1152
AJUSTEMENT	29	* * * *	* * * *
TOTAL	60540	1100	1133

PASSIF	1984	INDICE 85	INDICE 86
** TOTAL DES FONDS PROPRES **	17242	1091	1088
CAPITAL SOCIAL ET PRIMES	5888	1115	1026
ECARTS DE REEVALUATION	556	922	970
RESERVES ET REPORT A NOUVEAU	4443	1035	1168
RESULTAT	997	1337	884
SUBVENTIONS D'INVESTISSEMENT	53	811	1125
PROVISIONS REGLEMENTEES	3050	1112	1064
AUTRES FONDS PROPRES	23	1136	6000
PROV. POUR RISQUES ET CHARGES	2232	1039	1222
** TOTAL DES DETTES **	41312	1088	1164
EMPRUNTS	8706	1166	1452
CREDITS COMMERCIAUX	16622	1088	1094
AUTRES DETTES	13689	1030	1080
CONCOURS BANCAIRES COURANTS	2295	1139	1133
COMPTES DE REGUL. PASSIF	1986	1416	1121
TOTAL	60540	1100	1133

VAB/PROD., VENTES DE MARCHANDISES	0,3786	0,3795	0,3561
EBE / CAHT	0,0672	0,0696	0,0872
EBE / VAB	0,1763	0,1823	0,2434
FRAIS PERS. / VAB	0,7905	0,7848	0,7230
IMPOTS - SUBVENTIONS / VAB	0,0330	0,0328	0,0335
VABCF / IMMOB. BRUTES D'EXPLOIT.	1,5499	1,5775	1,4550
INVESTISS. / IMMOB. CORP. BRUTES	0,1472	0,1393	0,1184
EBE / IMMOB. BRUTES D'EXPLOIT.	0,2827	0,2973	0,3664
PBCAI / RESSOURCES PROPRES	0,1718	0,1710	0,1701
RESS. STABLES / ACTIF IMMOB. BRUT	2,0716	2,0989	2,0429
DETTES FINANCIERES / TOTAL PASSIF	0,1817	0,1926	0,1816
EMPRUNTS / FONDS PROPRES	0,5049	0,5341	0,3956
CAP. D'AUTOFINANCEMENT / EMPRUNTS	0,3907	0,3681	0,4423
FRAIS FINANCIERS / EBE	0,2701	0,2634	0,1829
STOCKS MOYENS PROD. X 360J / CAHT	13,1851	14,9687	17,0854
STOCKS MOYENS UTI.X 360J/ACHATS HT	65,0254	51,3396	45,7702
CR. COM.+ EF. ESC.N.ECH.X 360J/CAHT	88,3793	86,7947	79,0587
DETTES COMM. X 360J / ACHATS HT	210,7979	225,1091	232,5731

Solution
Établissement du bilan financier

Immob. Br.	3.740	4.020	Fonds propres	1.320	1.440
Amortissements	3.260	3.580	Compte courant	1.520	1.520
Immos nettes	480	440	Capitaux permanents	2.840	2.960
Stocks	2.800	3.200			
Clients	2.480	2.240	Fournisseurs	1.880	1.560
Autres créances	440	320	Autres dettes	1.360	1.040
Actifs circulants	5.720	5.760	Passif circulant	3.240	2.600
Disponibilité	680	240	Dettes CT	800	880

Présentation du bilan en ligne

	au 31/12/87	au 31/12/88
Capitaux permanents	2.840	2.960
Immos nettes	480	440
Fonds de roulement	2.360	2.520
Actifs circulants	5.720	5.760
Passif circulant	(3.240)	(2.600)
Besoin en FDR	2.480	3.160
Disponibilité	680	240
Dettes court terme	800	880
Trésorerie	(120)	(640)

La société a donc un fond de roulement sensiblement trop faible. Il faudrait l'augmenter. D'autant que la nouvelle machine va permettre d'accroître la production, donc les besoins financiers. Quel sera l'ordre de grandeur **approximatif** de la nouvelle production ?

Si on se réfère à la centrale INSEE, on peut constater qu'en 84 la production moyenne du secteur était de 93 651 pour des immobilisations techniques de 14 791. On peut donc espérer augmenter la production d'environ 6,3 MF, comme l'illustre la ligne (5) du tableau ci-après.

Production moyenne (ex. INSEE)	(1)	93.651
Installations techniques (ex. INSEE)	(2)	14.791
Production par franc d'équipement	(1) / (2) = (3)	6,33
Investissement dans nouvelle machine	(4)	1.000
Production nouvel équipement	(5) = (4) x (3)	6.332
Production probable 89		
du nouvel équipement	(5)	6.332
du parc actuel		20.480
		26.812

Quelle sera **l'augmentation** du besoin en fonds de roulement, **liée** à la production accrue permise par le nouvel équipement et écoulée vers une clientèle demandeuse ?

	1987	1988	est. 1989
Ventes	17.600	20.480	26.812
BFDR	2.480	3.160	3.957
BFDR en jours de CA	51	56	53

Le nouveau besoin en FDR sera vraisemblablement de l'ordre de 53 jours (moyenne de 51 et 56 jours) d'un chiffre d'affaires quotidien de 26,8 MF / 360 jours par an, soit encore environ 3,9 MF.

La société, après cet investissement de 1 MF, aura un FDR ramené de 2,5 MF à 1,5 MF. Elle sera donc en **déséquilibre** de 2,4 MF, puisque présentant un FDR de 1,5 MF face à besoin de 3,9 MF.

Où trouver ces fonds, qu'il faudra bien entendu mettre en haut de bilan ? Il faudra les demander aux actionnaires et aux banquiers. Mais dans quelles proportions ?

Nous avons noté que l'entreprise n'avait pas de dettes bancaires à long terme, alors que la profession, sur l'échantillon

INSEE, a en moyenne 8,7 MF de dettes pour 17,2 MF de fonds propres.

Ces entreprises ont un ratio d'endettement à long terme de 8,7 / 17,2 = 51 %

Autrement dit, ces entreprises ont leurs capitaux permanents constitués dans les **proportions :**

- 100/151 pour les fonds propres,
- 51/151 pour les dettes.

Si nous prenons pour Martell-Rémy cet objectif de « structure de bilan », il faudra pour **équilibrer** les besoins financiers :

- emprunter 1 800 KF aux banques,
- faire une augmentation de capital de 600 KF.

Le détail des calculs permettant d'arriver à ces chiffres sont dans le tableau ci-après :

Fonds propres actuels	2.960
Déséquilibre à financer	2.400
Nouveaux montants des capitaux permanents	5.360
Nouveau montant des fonds propres (100 x 5.360/ 151)	3.560
Montant des dettes à contracter (51 x 5.360 /151)	1.800
Nouveau montant des fonds propres	3.560
– Fonds propres actuels	(2.960)
Augmentation du capital	600

Il convient maintenant de savoir si la société sera **solvable** avec cette nouvelle structure financière. On peut remarquer que le **cash-flow actuel** est de l'ordre de 500 KF. Il est tout à fait **compatible** avec un **endettement** à terme de 1 800 KF, représentant moins de 4 années de cash-flow d'exploitation.

GLOSSAIRE

Actif à court terme : un bien destiné à se transformer en argent liquide en moins d'un an.

Actif à long terme : ensemble des actifs qui ne généreront pas de liquidités avant un an..

Actifs : ensemble des biens appartenant à l'entreprise.

Amortissements : dévalorisation, sous l'effet du temps, des immobilisations de l'entreprise.

Amortissements du bilan : cumul des dotations aux amortissements passées dans les comptes de résultat des années passées.

Besoin en fonds de roulement d'exploitation : niveau optimal des actifs d'exploitation – passif d'exploitation.

Besoin en fonds de roulement : stocks + clients + autres créances – fournisseurs – autres dettes à court terme.

Bilan : listing de tout ce que l'entreprise possède et de tout ce que l'entreprise doit.

Capitaux propres : voir « fonds propres ».

Cash-flow potentiel : flux financier dégagé par l'exploitation = résultat net + dotations aux amortissements et provisions.

Cash-flow réel : cash-flow potentiel diminué des variations des besoins en fonds de roulement.

Couverture des frais financiers : résultat d'exploitation / frais financiers. Mesure du caractère durable de la rentabilité.

Dividendes : part des bénéfices nets distribuée aux actionnaires.

Dotations aux amortissements : montant de la dévalorisation des immobilisations pendant l'année.

Excédent brut d'exploitation : différence entre la production et l'ensemble des charges financières.

Fonds de roulement : différence entre les capitaux permanents et les immobilisations nettes.

Fonds de roulement : différence entre l'actif à court terme et le passif à court terme.

Fonds propres corrigés : valeur des fonds propres obtenue en retraitant provisions, actifs fictifs et dividendes.

Fonds propres : la différence entre ce que l'entreprise possède et ce que l'entreprise doit.

Holding : société dont l'objet est de détenir des participations majoritaires dans d'autres sociétés d'un même groupe.

OPA : Offre Publique d'Achat = proposition publique d'acheter les titres d'une société tierce.

Price Earning Ratio : PER = cours boursier de l'action / résultat net par action.

Production totale : chiffre d'affaires + production immobilisée + production stockée.

Provision : somme mise de côté temporairement pour faire face à une dépense ultérieure, mais déduite fiscalement immédiatement.

Provision règlementée : provision ayant pour unique objet le décalage de paiement d'impôts.

Ratio de liquidité générale : actif à court terme / passif à court terme. Doit en principe être supérieur à 1.

Ratio d'endettement à long terme : dettes à long terme / fonds propres corrigés. Ne doit pas être trop supérieur à 1.

Ratio d'endettement total : ensemble des dettes / ensemble des actifs. Ne devrait guère dépasser 80 %.

Ratio financier : fraction de 2 comptes de bilan ou de résultat permettant de déceler un équilibre ou un déséquilibre.

Rentabilité commerciale : résultat net / chiffre d'affaires.

Rentabilité financière : résultat net / fonds propres.

Résultat d'exploitation : résultat avant impôts et frais financiers.

Résultat fiscal : base de détermination de l'impôt sur les sociétés ; peut différer sensiblement du résultat économique « réel ».

Soldes de gestion : étape significative dans la détermination du résultat.

Trésor de guerre : grosses réserves de liquidités permettant d'acquérir d'autres sociétés, dans le cadre d'OPA notamment.

Trésorerie : différence entre les disponibilités et les dettes financières à court terme.

Trésorerie : trésorerie = fonds de roulement – besoin en fonds de roulement.

Valeur ajoutée : différence entre la production de l'entreprise et l'ensemble de ses consommations externes.

ANNEXE

LES ÉTATS FINANCIERS ANGLO-SAXONS

POURQUOI UN BILAN ANGLO-SAXON ?

Il est de coutume, depuis quelques années, d'enterrer régulièrement le monde anglo-saxon, mis à mal par l'expansion économique allemande et l'agressivité commerciale nippone. Les modèles économiques américains ont pris de rudes coups et tant GENERAL MOTORS qu'IBM, dont on se plaisait à comparer les budgets à ceux de la France et de l'Espagne, ont perdu la faveur de Wall Sreet et sont aujourd'hui assimilés à des dinosaures. Quant au sterling, il ne fait - même plus - partie du SME. Faut-il succomber à cette mode ? Non, pour de nombreuses raisons.

Ne serait-ce que la langue. Il n'a pas fallu attendre l'avénement de la Grande Europe politique et économique pour que l'anglais soit consacré *langue* des affaires. Si tel est le cas dans certains domaines, comme l'informatique, la mercatique - que certains appellent parfois « marketing » - ce l'est encore dans le domaine de la comptabilité et de la finance.

Bien que Paccioli soit né de notre côté de la Manche (et sur le mauvais versant des Alpes), bien que nous puissions revendiquer les talents administratifs des premiers armateurs Nantais, la Bourse de Londres reste la première place européenne et il s'y traite hebdomadairement le même volume d'affaires qu'à Paris en un an. L'empire politique britannique s'est rétréci dans les mêmes proportions que le nôtre, mais il a laissé quelques groupes diversifiés dont la puissance financière reste impressionnante et dont les tentacules agrippent encore fermement des pans entiers d'économies régionales. Hélas pour nous, les CFAO et autres SCOA ont beaucoup à envier aux JARDINES et autres SWIRES. Sans parler des groupes plus récents, tels HANSON ou GLAXO, qui en trente ans se sont hissés aux premières places de la finance internationale.

Bien sûr, certains échecs ont été à la mesure des succès et la place de Paris peut se réjouir de n'avoir pas connu de Maxwell ou de PolyPeck. Il faut toutefois reconnaître au monde anglo-saxon, entre autres qualités, un immense savoir-faire en matière financière.

Si les britanniques ont su réconcilier éthique du Capitalisme et esprit du Protestantisme, peut-on trouver - dans leurs états financiers -, une vérité qui nous aurait échappé ?

C'est ce que nous allons tenter de découvrir en dépouillant le rapport annuel d'un des plus beaux fleurons de l'empire , ICI (Imperial *Cheminal Industries*), l'équivalent de notre RHÔNE-POULENC.

LE COMPTE DE RÉSULTAT

Les principes de base de la comptabilité sont, bien sûr, les mêmes des deux côtés de la Manche et de l'Atlantique. La logique est internationale, voire supra-nationale, au moins dans le système d'économie libérale dans lequel nous fonctionnons et qui, à l'instar de la démocratie, reste le moins mauvais de tous.

LA MESURE DU PROFIT

Le compte de résultat britannique fait apparaître au premier coup d'œil que la règle du jeu, c'est le profit.

Aussi, le compte de résultat ne s'embarasse-t-il pas de la foule de détails que comporte le nôtre : pas de liste des charges par nature comme dans la page 3 de notre liasse fiscale. Pas de distinction entre frais de personnel et autres consommations externes.

Seulement trois alinéas :

- les ventes ;
- les dépenses d'exploitation ;
- leur différence : le résultat d'exploitation ou *trading profit.*

Aussi, ces trois premières lignes remplacent-elles, avantageusement, la première page de notre compte de résultat.

UN BAS DE COMPTE ANALOGUE AU NOTRE

Les parties hors exploitation du *profit and loss account,* c'est-à-dire les alinéas liés :

- aux dimensions financières ;
- aux éléments exceptionnels ;
- aux dimensions fiscales,

sont quasiment identiques à celles que nous connaissons déjà, déclinées dans la langue de Shakespeare, avec des termes si proches de celle de Molière qu'il n'est pas nécessaire de les traduire.

UNE OPTIQUE RÉSOLUMENT ANALYTIQUE

Dans les annexes au compte de résultat, comme dans le compte de résultat de base américain, il est possible d'avoir quelques détails sur les dépenses d'exploitation. Cependant, ce découpage de dépenses ne se fait pas en fonction de la nature des charges, mais en fonction de leur destination analytique. C'est en tout cas l'explication que nous pouvons en donner, nous pauvres Français, qui devons - Plan Comptable dixit - accumuler dans les mêmes comptes des éléments n'ayant rien en commun,et mettre dans des comptes différents des dépenses homogènes.

Ainsi, nos autorités juridiques et intellectuelles nous contraignent-elles à avoir un compte pour les crayons et un compte pour les gommes. En conséquence de quoi, les plans comptables de nos entreprises contiennent souvent des dizaines, voire des centaines de comptes différents, et arrive hélas ce qui doit arriver : l'arbre cache la forêt et plus personne n'arrive à comprendre ce qui se passe dans l'entreprise à partir des éléments comptables. Ceci ne profite certainement à personne : ni à l'entreprise, ni à ses dirigeants, ni à la société qui voit ses entreprises mal gérées, donc **moins susceptibles de résister à la tempête économique**. La méthode ne profite qu'à ceux qui vivent de l'hébétude et de l'ignorance des autres.

Les mêmes autorités anglo-saxonnes ignorent la comptabilité par nature et comptabilisent directement par fonction ou par destination. Il est donc possible de dire que la comptabilité anglo-saxonne est immédiatement analytique, ce qui comporte au moins deux avantages :

■ la nécessité d'avoir une comptabilité analytique juxtaposée à la comptabilité générale n'existe pas, puisque la comptabilité est déjà analytique. Avec les avantages en terme de coûts...

■ le dirigeant, à la seule lecture des données comptables de base, peut déjà comprendre l'évolution de ses coûts, faire des analyses en coûts fixes/coûts variables, et prendre les décisions qui s'imposent sans aller « saucissonner » dans ses comptes de charges.

L'arbre ne cache plus la forêt.

Le tableau ci-après, lui aussi extrait du rapport annuel d'ICI, indique clairement le découpage qui a servi de « plan comptable » : les grandes catégories de dépenses se trouvent être, au moins dans le cas d'ICI :

• le *cost of sales* ou prix de revient des ventes, somme de toutes les dépenses de personnel de production, de matières destinées à la production, des amortissements de l'outil industriel, des crayons et des gommes consommés dans le cadre de la production ;

• les *distribution costs*, ou dépenses de distribution, somme de toutes les dépenses de personnel commercial et marketing, des amortissements du matériel utilisé par les services marketing, des crayons et des gommes consommés dans le cadre de la distribution ;

• *Research and Development*, ou dépenses de ce que vous devinez, somme de tous les frais de personnel des laboratoires, des amortissements de leurs immobilisation, et de leurs crayons et de leurs gommes.

• *Administrative and other expenses*, ou ensemble des frais généraux d'administration de l'entreprise, somme des frais de personnel administratif - du PDG au concierge du siège -, de leurs modestes dépenses de crayons, gommes et cigares fumés et utilisés au siège social.

LE BILAN

L'ÉGALITÉ FONDAMENTALE

L'égalité fondamentale liant fonds propres, actifs et dettes vaut aussi bien chez nous que chez les autres, et, comme toute égalité, peut être manipulée de mille et une manières. Vous seriez sans doute étonnés si ceux qui comptent en pieds et pouces et conduisent à gauche manipulaient cette équation comme nous.

Reprenons cette égalité :

Fonds propres = Actifs – Dettes (1)

Actifs = Immobilisations + Stocks + Clients + trésorerie (2)

Dettes = Dettes à Long Terme + Créanciers d'exploitation = **Financements court terme** (3)

SA MODIFICATION

Plutôt que de présenter le bilan avec actif et passif se faisant face, les anglo-saxons le présentent plutôt en ligne, verticalement. Si leurs présentations sont moins standardisées que la nôtre (au singulier), la logique fondamentale est bien sûr respectée, et découle de l'équation (1), qui, rappelons-le, ne constitue qu'un point de départ, une définition, et en aucun cas le résultat d'un calcul.

L'ordre d'apparition des postes se fait en fonc1tion de leur liquidité : les moins liquides d'abord, les plus liquides ensuite, contrairement aux Américains et aux Hollandais. Ils présentent leur bilan comme le nôtre, « à l'horizontale », mais ils inversent l'ordre « vertical » : les éléments d'actif et de passif sont classés par ordre de liquidité décroissante.

Une telle présentation n'est pas de pure forme et provient d'une prise de position philosophique : il convient que l'attention soit immédiatement portée sur la liquidité ou sur les postes qui « tournent ».

LE BILAN BRITANNIQUE

Afin de ne pas heurter les sensibilités religieuses, je me contenterai de dire qu'il y a outre-Manche presqu'autant de possibilités de présenter un bilan, qu'il y a de sortes de fromages chez nous.

Dans les tableaux qui suivent, nous avons extrait les principales données du rapport annuel d'ICI et les avons insérées dans les tableaux, la première colonne est l'équivalent français le plus proche des termes de la deuxième colonne, repris lettre à lettre dans le rapport annuel. Les tableaux originaux figurent dans les documents en fin d'annexe.

Analysons la présentation choisie par ICI, qui n'est pas la moins courante, et qui part de l'équation (1) pour constater que :

Actifs – Passif court Terme = Dettes à Long terme + Fonds propres

Immobilisations Corporelles	Tangible Assets	5128
Participations Minoritaires	Paticipating Interests	421
Immobilisations nettes	***Fixed Assets***	**5549**
Stocks	Stocks	2025
Clients	Debtors	2636
Investissements à court terme	Short term deposits	608
Disponibilités	Cash	197
Actifs à Court terme	***Short term Assets***	**5466**
Actif Total	***Total Assets***	**11015**

Ces actifs une fois recensés - de manière très semblable à la méthode classiquement utilisée en France -, sont alors mis en face des financements à court terme, donc à moins d'un an, quelle qu'en soit leur origine. Autrement dit, figurent à partir de là, certains postes que nous trouvons dans les annexes de nos liasses fiscales (page 8) et dans les annexes aux bilans. Et l'équation (3) est alors réécrite de la manière suivante :

Actifs Total – Créanciers à moins d'un an = Dettes à Long terme + Fonds propres (4)

Dans l'équation (4) ci-dessus, les deux membres représentent, à la trésorerie près, l'actif économique de l'entreprise. La présentation du bilan est donc plus économique que comptable.

Financements à court terme	*Short term borrowings*	– 296
Échéances bancaires < 1 an	*Current Instalment Loans*	– 220
Créanciers Exploitation	*Other Creditors*	– 2 894
Créanciers à moins d'un an		**– 3 410**
		========
Actif économique	***Total Assets less Current liabilities***	**7 605**

Dettes à long terme	***Creditors due > 1 year***	**1 947**
Provisions pour risques/charges	*Provisions liabilities and Charges*	526
Produits constatés d'avance	*Differed Income*	52
Minoritaires		288
« Capital Initial »		711
Réserves	*Total reserves*	4 081
Fonds propres	***Total Capital and reserves***	**5 658**
		========
Financements stables		**7 605**

LE TABLEAU DE FLUX

Le tableau de flux, extrait du rapport annuel d'ICI, apparaît en annexe de ce chapitre.

Ce tableau, appelé le *statement of group cash-flow*, philosophiquement similaire à notre « tableau emploi-ressources » a pour objectif d'expliquer les variations de trésorerie d'une année sur l'autre à partir de ses composantes que sont :

- l'exploitation : *Cash-Inflow from operations* ;
- les opérations financières : intérêts et dividendes ;
- la fiscalité ;
- les investissements ;
- les financements.

Pour chacun de ces postes, seul le solde est pris en compte, contrairement au tableau d'emplois - ressources traditionnel. Ainsi, seule l'augmentation de dette à long terme, d'un montant de 251, figure au tableau de *cash flow*, alors que dans le TER, on aurait noté en « emplois » les dettes remboursées (49), en « ressources » les dettes contractées (300), l'augmentation nett étant, bien sûr, égale à la différence :

(251 = 300 – 49)

Excédent de trésorerie d'exploitation	*Cash Inflow from operations*	1458
Service dette et participations	*Servicing of finance*	- 594
Impôts	*Taxes paid*	- 286
Investissements nets	*Investing Activities*	- 434
	Net Cash-Inflow before Financing	**144**
Augmentation Capital	*Issues of shares*	19
Augmentation Dette à long terme	*Net Increase in loans*	251
Diminution Nette des leasings	*Net Decrease in Leases*	- 10
Diminution des financements court terme	*Net Decrease in ST borrowings*	- 71
		189
Variation de Trésorerie	**Total**	**333**

Commentons la première - et de loin la plus importante - de ces grandeurs, le *cash-flow from operations*, qu'il n'est pas réellement besoin de traduire, et qui résulte de l'activité industrielle de l'entreprise. Il est calculé à partir du *trading profit* auquel on ajoute les dotations aux amortissements et dont on retranche les variations de besoins en fonds de roulement.

Ainsi, pour l'exercice 1991 d'ICI, l'analyse du compte de résultat 91 et l'analyse comparative des bas de bilan 90 et 91 donne la succession d'opérations suivantes :

Résultats d'exploitation	*Trading Profit*	1 033
Dotation aux amortissements	*Depreciation*	549
Diminution des stocks	*Stock decrease*	171
Diminution des comptes clients	*Debtor decrease*	65
Diminution des dettes d'exploitation	*Creditor decrease*	- 102
Reprise sur provisions	*Non Cash Items*	- 65
		=====
	Total	**1 651**

DOCUMENTS

ICI ACCOUNTS 1991

BALANCE SHEETS

At 31 December	*Notes*	Group 1991 £m	Group 1990 £m	Company 1991 £m	Company 1990 £m
ASSETS EMPLOYED					
Fixed assets					
Tangible assets	11	**5,128**	4,947	**1,079**	1,074
Investments					
Subsidiary undertakings	12			**4,347**	4,189
Participating interests	13	**421**	483	**222**	220
		5,549	5,430	**(5,648)**	5,483
Current assets					
Stocks	14	**2,025**	2,214	**379**	395
Debtors	15	**2,636**	2,590	**815**	1,301
Investments and short-term deposits	16	**608**	388	**–**	–
Cash	16	**197**	177	**8**	7
		5,466	5,369	**1,202**	1,703
Total assets		**11,015**	10,799	**6,850**	7,186
Creditors due within one year					
Short-term borrowings	17	**(296)**	(447)	**(10)**	(5)
Current instalments of loans	21	**(220)**	(78)	**(156)**	–
Other creditors	18	**(2,894)**	(2,881)	**(1,281)**	(814)
		(3,410)	(3,406)	**(1,447)**	(819)
Net current assets (liabilities)		**2,056**	1,963	**(245)**	884
Total assets less current liabilities		**7,605**	7,393	**5,403**	6,367
FINANCED BY					
Creditors due after more than one year					
Loans	21	**1,788**	1,670	**400**	555
Other creditors	18	**159**	154	**1,053**	1,698
		1,947	1,824	**1,453**	2,253
Provisions for liabilities and charges	19	**526**	549	**14**	119
Deferred income: Grants not yet credited to profit		**52**	63	**5**	6
Minority interests		**288**	286		
Capital and reserves attributable to parent company					
Called-up share capital	20	**711**	708	**711**	708
Reserves					
Share premium account		**469**	446	**469**	446
Revaluation reserve		**56**	50	**–**	–
Other reserves		**399**	381	**436**	533
Profit and loss account		**3,131**	3,014	**2,315**	2,302
Associated undertakings' reserves		**26**	72		
Total reserves	22	**4,081**	3,963	**3,220**	3,281
Total capital and reserves attributable to parent company		**4,792**	4,671	**3,931**	3,989
		7,605	7,393	**5,403**	6,367

ICI ACCOUNTS 1991

GROUP PROFIT AND LOSS ACCOUNT

For the year ended 31 December	*Notes*	1991 £m	1990* £m
Turnover		**12,488**	12,906
Operating costs	3	**(11,591)**	(12,057)
Other operating income	3	**136**	180
Trading profit	3	**1,033**	1,029
Share of profits less losses of associated undertakings	4		
As published in the 1990 accounts			154
Extraordinary item restated as exceptional	2		(41)
		30	113
Net interest payable	5	**(220)**	(206)
Profit on ordinary activities before taxation		**843**	936
Tax on profit on ordinary activities	6	**(279)**	(336)
Profit on ordinary activities after taxation		**564**	600
Attributable to minorities		**(22)**	(22)
Net profit attributable to parent company		**542**	578
Extraordinary items	8	**-**	92
Net profit for the financial year		**542**	670
Dividends	9	**(391)**	(389)
Profit retained for year		**151**	281
Earnings before extraordinary items per £1 Ordinary Share	10	**76.4p**	82.3p

* *Restated, see note 2.*

GROUP RESERVES ATTRIBUTABLES TO PARENT COMPANY

	Note	1991 £m	1990 £m
At beginning of year		**3,963**	4,320
Profit retained for year			
Company		**13**	381
Subsidiary undertakings		**178**	(53)
Associated undertakings		**(40)**	(47)
		151	281
Amounts taken direct to reserves		**(33)**	(638)
At end of year	22	**4,081**	3,963

£m means millions of pounds sterling.

ICI ACCOUNT 1991

STATEMENT OF GROUP CASH FLOW

For the year ended 31 December	*Notes*	1991 £m	1990 £m
Cash inflow from operating activities			
Net cash inflow from trading operations	23	**1,651**	1,735
Outflow related to extraordinary provisions	24	**(193)**	(7)
Net cash inflow from operating activities		**1,458**	1,728
Returns on investments and servicing of finance			
Interest and dividens received	25	**97**	142
Interest paid		**(294)**	(278)
Dividends paid by parent company		**(390)**	(384)
Dividiends paid by subsidiary undertakings to minority interests		**(7)**	(44)
Net cash outflow from returns on investments and servicing of finance		**(594)**	(564)
Tax paid		**(286)**	(412)
Investing activities			
Cash expenditure on tangible fixed assets	11	**(896)**	(1,019)
Acquisitions and new fixed asset investments	26	**(57)**	(480)
Disposals accounted for as extraordinary items	27	**372**	918
Other disposals	27	**142**	229
Realisation of short-term investments and deposits		**5**	7
Net cash outflow from investing activities		**(434)**	(345)
Net cash inflow before financing		**144**	407
Financing			
Issues of ICI Ordinary Shares		**19**	56
Net increase in loans		**251**	31
Net decrease in lease finance (1990 increase)		**(10)**	75
Net decrease in short-term borrowings		**(71)**	(5)
Net cash inflow from financing	28	**189**	157
Increase in cash and cash equivalents	29	**333**	564

This Statement of Group Cash Flow (prepared in accordance with the provisions of the Accounting Standards Board's Financial Reporting Standard 1) replaces the Statement of Sources and Applications of Group Funds included in previous ICI Group accounts.

GLOSSAIRE FRANCO-ANGLAIS

Français	Anglais	Américain
À court terme	*Current*	*Current*
Actif	*Asset*	*Asset*
Action	*Share*	*Stock*
Amortissement	*Depreciation*	*Depreciation*
Bilan	*Balance sheet*	*Balance Sheet*
Chiffre d'affaires	*Turn over*	*Sales, net sales*
Compte de résultat	*Profit and loss account*	*Income statement*
Compte de résultat	*Profit and loss account*	*Income statement*
Créancier	*Creditor*	*Payable*
Débiteur	*Debtor*	*Receivable*
Dépenses	*Costs*	*Expenses*
Dépenses d'exploitation	*Operating costs*	*Operating expenses*
Dette financière	*Debt*	*Debenture*
Dettes	*Liabilities*	*Liabilities*
Disponibilités	*Cash*	*Cash*
Emprunts	*Borrowings*	*Debenture*
Fonds de roulement		*Working capital*
Fonds propres		*Stockholders equity*
Immobilisation	*Long term asset*	*Long term asset*
Partie court terme des dettes	*Current instalment of loan*	*Current portion of debt*
Prime d'émission	*Share premium account*	*Paid-in capital*
Résultat d'exploitation	*Trading profit*	*Earnings before Interest and taxes*
Stock	*Stock*	*Inventory*

GLOSSAIRE ANGLO-FRANÇAIS

Anglais	Français	Américain
Asset	Actif	*Asset*
Balance sheet	Bilan	*Balance Sheet*
Borrowings	Emprunts	*Debenture*
Cash	Disponibilités	*Cash*
Action	*Share*	*Stock*
Costs	Dépenses	*Expenses*
Creditor	Créancier	*Payable*
Current	À court terme	*Current*
Current instalment of loan	Partie court terme des dettes	*Current portion of debt*
Debt	Dette financière	*Debenture*
Debtor	Débiteur	*Receivable*
Depreciation	Amortissement	*Depreciation*
Liabilities	Dettes	*Liabilities*
Long term asset	Immobilisation	*Long term asset*
Operating costs	Dépenses d'exploitation	*Operating expenses*
Profit and loss account	Compte de résultat	*Income statement*
Profit and loss account	Compte de résultat	*Income statement*
Share	Action	*Stock*
Share premium account	Prime d'émission	*Paid-in capital*
Stock	Stock	*Inventory*
Stocks	Stocks	*Inventories*
Trading profit	Résultat d'exploitation	*Earnings before Interest and taxes*
Turn over	Chiffre d'affaires	*Sales, net sales*
	Fonds de roulement	*Working capital*
	Fonds propres	*Stockholders equity*

Achevé d'imprimer en février 1994
sur les presses de l'imprimerie B.C.A. — 18200 Saint-Amand-Montrond (Cher)
Dépôt légal : février 1994 **Numéro d'impression : 94/101.**